水彩日和

九州・心に残る風景を訪ねて

品原克幸 画・文

弦書房

水彩日和《九州・心に残る風景を訪ねて》◉目次

この本で案内した「心に残る風景」の写生場所

右頁枠内の拡大図

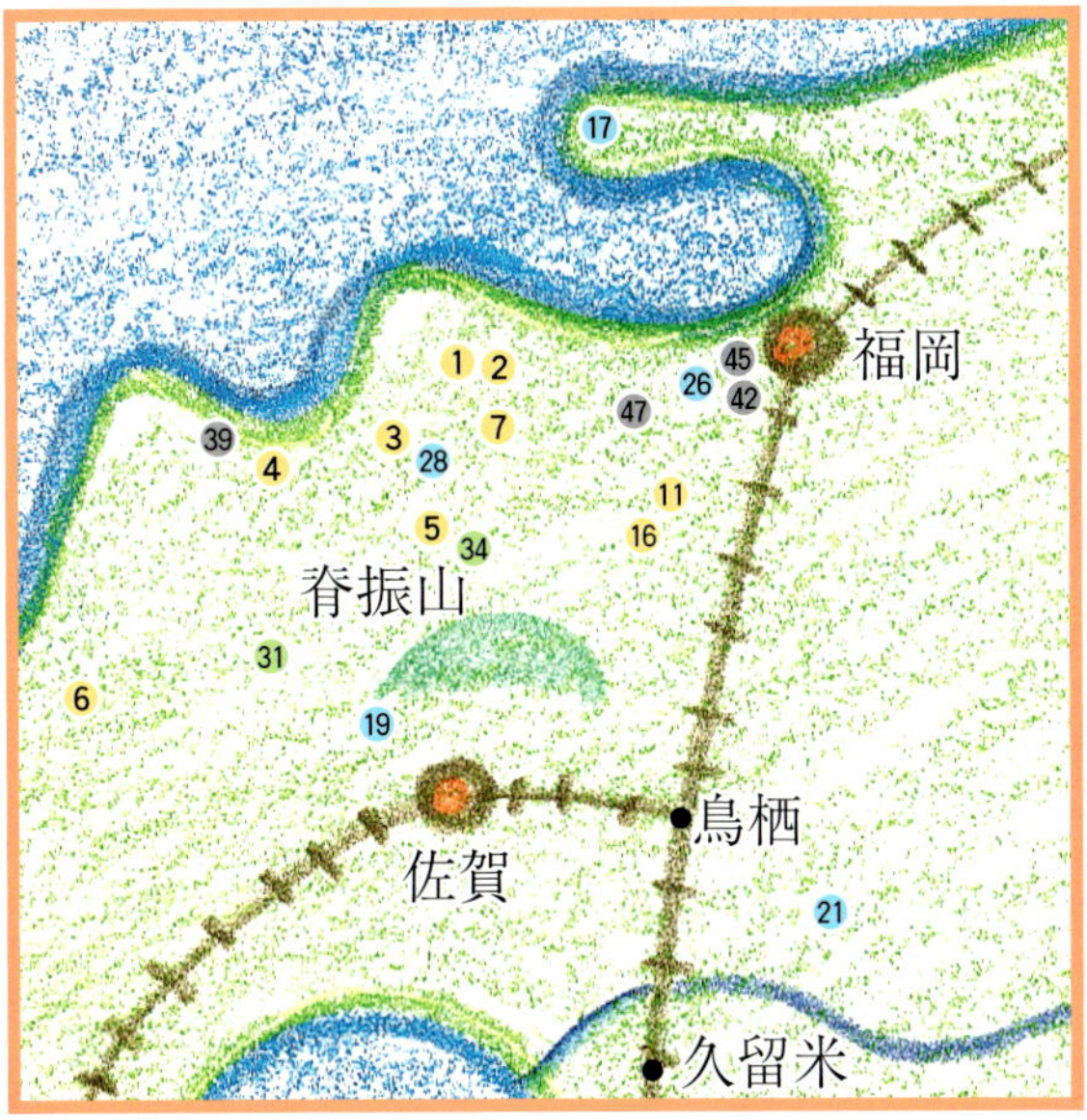

1 可也山　〈福岡県糸島半島〉
2 糸島　〈福岡県糸島半島〉
3 井原　〈福岡県前原市井原〉
4 唐津線　〈佐賀県唐津市岩屋〉
5 七山村　〈佐賀県唐津市七山〉
6 伊万里市　〈佐賀県伊万里市〉
7 波呂　〈福岡県糸島半島〉
8 開聞岳　〈鹿児島県薩摩半島〉
9 霧島　〈宮崎県えびの市〉
10 九重　〈大分県九重町〉
11 脇山　〈福岡市脇山〉
12 湯布院　〈大分県由布市湯布院〉
13 玖珠　〈大分県玖珠町〉
14 山都　〈熊本県山都町〉
15 南阿蘇　〈熊本県南阿蘇村〉
16 椎原　〈福岡市椎原〉
17 志賀島　〈福岡市志賀島〉
18 伊良原　〈福岡県みやこ町〉
19 嘉瀬川　〈佐賀市嘉瀬川〉
20 中津江　〈大分県日田市赤石川〉
21 甘木　〈福岡県朝倉市〉
22 小川　〈宮崎県延岡市〉
23 番匠川　〈大分県佐伯市〉
24 番匠川　〈大分県佐伯市〉
25 番匠川　〈大分県佐伯市〉
26 福岡城址　〈福岡市福岡城址〉
27 菊池川　〈熊本県菊池渓谷〉
28 前原市　〈福岡県前原市〉
29 秋月　〈福岡県朝倉市〉
30 塚原　〈大分県由布市塚原高原〉
31 天山　〈佐賀県唐津市天山〉
32 岩岳川　〈福岡県豊前市〉
33 耶馬渓　〈大分県耶馬渓〉
34 杉山　〈佐賀市杉山〉
35 氷川　〈熊本県八代市泉〉
36 瀬の本　〈大分県九重町〉
37 田主丸　〈福岡県久留米市草野〉
38 添田　〈福岡県ＪＲ日田彦山線〉
39 唐津　〈佐賀県唐津市〉
40 門司港　〈福岡県北九州市〉
41 長崎　〈長崎市〉
42 赤坂門　〈福岡市赤坂〉
43 臼杵　〈大分県臼杵市〉
44 知覧　〈鹿児島県知覧町〉
45 天神　〈福岡市天神〉
46 苅田　〈福岡県苅田町〉
47 西新　〈福岡市西新〉

〈扉〉今山駅（大分県日田市）

序——始まりは一人旅

小学四年生のときに、生まれて初めての一人旅を敢行した。密かに計画を練り、お金を貯めて、置手紙を出して、いざ出発。ところが、危うく警察に捜索願を出されるところであった。小さな紙に、薄い鉛筆で書いた手紙は、誰の目にも留まらずの結果だった。その後も、中学、高校、成人しても、一人旅は続いた。

九州と本州の国鉄は、ほぼ全線を乗った。鉄道は今でも好きだ。見るのも、描くのも。窓外の景色をぼんやり眺めながら、旅の悦に入る。ひとりぼっちの寂しい感覚が、なんとも心地よい。しかし、旅先で絵の一枚すら描いた記憶がない。どこかに行って「絵を描きたい」と思うようになったのは、ごく最近のことだ。

絵を生業にして三十余年になる。今まで実に多種多様な絵を描いてきた。

しかし、正直なところ、仕事の下見でも、スケッチというものを滅多にしない。そういうのんびりとした時間は中々取れないし、九州ならばどこでも日帰り。一日に往復千キロを移動することもある。仕事でなければ、こんな強行は、まずしない。

「リビング福岡」という新聞に六年間、風景の連載をしていた。この連載を機に、個展を毎年開催するようになってから、やっとスケッチというものを、きちんとやるようになった。

私は、景色を目にすると瞬時に、その完成された絵が、頭に浮かぶ。長年の経験からそういうことができるようになった訳だが、その絵は、単に見えるがままに、できあがっているわけではなく、創作を加え、構図を整えた、ほぼ完成されたものに近い絵となって現れる。

だからスケッチは、そのイメージの確認作業のようなもので、下書きとは全く別のものである。

末永風景（福岡県前原市）

ところが頭の中で、絵が二転三転したり、全く浮かばず、まとまらない風景に出会うと、たとえどんなにお気に入りの景色であっても、画面上では、ちぐはぐな絵に仕上がり、なおかつ、スケッチも線を重ねるだけの、汚れたもので終わってしまう。風景や物を見て、瞬時に感じる好印象は、絵を描く上では大切なことだが、だからといって、描けるものであるかは別の話。

前後が入り乱れて、遠くも近くもが雑然としたものより、遠近がはっきりしていて、ひとつひとつが単純なもののほうが、描きやすいし、イメージもまとめやすい。だから、風景を選ぶということも、絵を描くうえでは、とても重要なこととなる。

楽だから殺風景を選ぶ、面倒だから複雑な風景を選ばないではなく、多くのスケッチを重ね、イメージを整理してもなお、巧くいかないものは、今後の課題として温存して、まずは単純なものから始めればよい。

そのためにも、日頃から色々と観察する習慣をつけておく。見慣れたものほど難しい。頭の中でわかっていたはずの理屈が、わかっていないことに、この観察を通して気付くはずだ。

まだ、知らない森や田畑や水辺や家並みがあるのだから、簡単に筆を置くのはもったいない。描いたことのない風景が、どこかに隠れているうちは。

田園の味わい

浮羽の棚田

広大な田畑が広がる、北海道のような景色は、九州ではごく一部の限られた場所へ行かなければ、お目にかかれない。

それより、田植え前の代掻《しろか》きや、銀穂を揺らす麦の春、刈り入れが終わり、掛け干しされた稲など、どこかに人の手や暮らしが見える景色を、探したほうが、見つけやすいし、馴染み深い。

そこには、昔から歌われる唱歌の一節のような懐かしい、古き良き日本を連想させる、風物、風土が、なくてはならない要素だと思っている。

幾重にも連なる棚田や畦道、水利のための小川やため池、荒れた轍《わだち》の杣道《そまみち》、田の神様を祀る神社の杜、点在する民家など、そのどれもが、ごく当たり前に周囲の自然に溶け込み、えもいわれぬ郷愁を感じさせる。

とはいえ、それらの思いは、私が勝手に感じているだけのことであって、目に入る民家の車庫には、流行の車が置かれ、家の中には、町の暮らしと何ら変わりのない生活が営まれているのだが、その所帯じみた現実は、敢えて見ないで、昔から培われてきた自然との共存が見えれば、それでいい。あまりにリアルに味気なさをも覗き込む必要もあるまい。

普段、風景を探し歩く目的が「絵にする」という前提だから、まず、描きたくなる風景に出会わなければならない。

水を張った田植え前の水田、麦秋、夕暮れ、畦道など、好きなものに偏りがあるのは、好みだからしかたがない。

そして、風景が見つかれば、いつものように、じっくり観察して、イメージを膨らませ、頭の中に、完成の絵を描く。あとは、その思いが消えぬうちに、絵筆を動かせばよいだけだ。

日本の原風景のような和みや、のどかさが綿々と息づいているこの景色には、いつも心惹かれてやまないのだ。

可也山めぐり

①可也山（＊番号は巻頭地図中の番号を示しています）

《福岡県糸島半島》 通年

福岡市西方の糸島半島のほぼ中央に鎮座する、可也山（三六五㍍）は、私が最もよく描いている風景だ。

広い平野に独り立つ、その峰は、糸島のどこからでも見ることができる。福岡市側から望むと、富士山を小さくしたような形から、別名筑紫富士や小富士とよばれているし、現に小富士という地名もある。見る角度によって、急峻な山容だったり、前記のような富士の姿だったり、肝っ玉母さんみたいにどっしりと座ったようにも見える。

そんな色々な角度から楽しめる可也山だが、中でも、福岡市と前原市の境に位置する日向《ひなた》峠山頂からの眺望が最も好きである。しかし、この峠からの姿は、一度も絵にしたことがない。いや、できないのだ。

峠の頂上あたりには車を止めるスペースがなく、下の駐車場から、歩いて登れば行けないこともないが、車の往来が多いうえに、歩道も無く、見通しの悪いカーブをスピードを上げてすり抜けていく車に気をつけながら歩くのは、ちょっと怖いから、山頂付近を通過するときに、一瞬その山容を見るばかりである。

初夏の麦畑越に見る二丈あたりからの眺めや、田植えの頃の井原から、加布里湾越に望む可也も、本当はどれも、この日向峠からの景色同様一番に違いはないことはわかっているが、描けないジレンマが、この眺めをより魅力的なものにしているから、つい一番と言ってしまっただけ。

可也山とそれを取り巻く糸島自体が好きだし、糸島は広いから、まだ見たことのない景色が、あちこちに隠れていることだろう。どんな天気も季節も、可也山を望む風景は、とにかく好いんだ。

八反田からの田植え前の風景

井原から見た、秋の風景

長野より見る風景（ラフスケッチ）

石崎より見る可也山

麦秋の頃は、空も緑も風も明るく元気だ。新芽を空いっぱいに伸ばして揺れる木々。時折吹く、潮の香を乗せた風が、涼しく思えるほど、夏の近さを感じる。

昼間の時間の長さに、気分も浮かれる。

麦秋と可也山

可也周辺には、牧場が多い

高祖から見た、冬の夕暮れ

ありがたや糸島

2 糸島
《福岡県糸島半島》 通年

糸島には何かと恩恵を受けている。好きな山菜の季節には、雷山《らいざん》の裾野を歩き、潮風に吹かれたくなれば、糸島半島を目指す。そして、絵のネタに困れば鎮座する可也山の周囲をぐるり。野菜を育て、汗水たらす我が菜園も、糸島にある。

ＪＲ筑肥線を挟んで、海に面した北側の糸島半島と、南に脊振山系の峰々を擁する山間部と、その麓に広がる田園地帯を総称して、糸島と呼ぶ。東は福岡市西区から、西は唐津のすぐ近くまで、その範囲は広い。

穏やかで、のどか。これが糸島の印象だ。

特に、どこからでもその山容を見せる可也山は、広い平野の中に立つ独立峰で、様々な姿を見ることができる。とりわけ高峰というわけではないけれど、糸島

前原市八反田付近。この川の上流に、白糸の滝がある

志摩町福の浦。糸島の海辺の中でも、一番のお気に入り
春の大潮のときには、磯遊びが楽しめる

のシンボルといっても過言ではないほど、可也好きも多い。

年間を通して、比較的暖かく、山菜にしても、どこよりも早く顔を出す。しかも、広いから季節を追って楽しめる。山でも、川でも、海でも、田園地帯でも、歴史の町並みでも、何でも揃っている、私には実にありがたいところである。

二丈町の山間部風景

黄昏《たそがれ》の風景を探して

3 井原
《福岡県前原市井原》春

前原市井原にて

以前「リビング福岡」という新聞に連載していた頃から、私は、すごいおじいちゃんと思われていた。渋い色使いや、年寄りくさい文面から、そう思われていたのだろう。今も、そう若いというほどではないが、戦後十一年の生まれだ。

個展会場でも、明らかに作者である私を探している風な素振りで、会場内をきょろきょろしながら、時折私に目をやり、「こいつは違うな！」という顔をしていく人もいる。

私は、空の青にも、山の緑にも、近くの草むらにも、流れる小川にも、必ず赤という絵具を混ぜる。この、赤を混ぜることで、全体の色味を落ち着かせ、一般に言う「渋い」色となって現れる。表面的には、その赤はほとんどわからない。あくまで、隠し味として、ほんの少し混ぜている。いつごろから、こうした手法を取るようになったかは定かではないが、この色の出現の頃から、年寄りくさく見られるようになった。

夕暮れや、朝焼けのような風景を巧く描きたいという想いを兼ねてより持っていて、その印象的な色味に惹かれ、赤の使い方を、色々と考えてきた。赤という絵具に慣れてきた頃から、ずっと頭の中に温存してきたイメージの風景を探し出して描きたいという想いが強くなって、風景探しに出かけることにした。

ある春の午後。どことなく夕方に近づいているけれど、暮れるにはまだ早い微妙な時刻。偶然、理想的な風景に出会った。

轍《わだち》の跡の土の道の先には、ヤマザクラが一本立っていた。辛抱強く理想の時を待つことにした。そして、晴れでも曇りでもない春霞に、少し傾いた陽が当たって、あたり一面が黄昏色になり始めた刹那を逃さず、カメラに収めることに成功した。なんという感激。まさか、頭に想い描いたイメージに近い風景に、出会えるとは思っても見なかった。しかも、ちょっと時間が違えば、きっとこれほどの印象は感じなかったことだろう。

予め描きたいものを決め、構図を決め、理想の色に染まるまで、待つというやり方は、私にしては、非常に珍しい方法だ。普段せっかちで、待つなんてことはまずやらない私が、ここまで待とうとするのは、なんとしてでも描き上げたいという強い思いがあったからだ。その気持ちに、天が応えてくれたのか。

技術に慣れ、絵に慣れっこになって、モチーフに対して淡白になってきた近頃の私には珍しい話。

ぶらぶら西へ、お召し列車に遭遇

④唐津線
《佐賀県唐津市岩屋》春

オタクとまでは言わないが、鉄道が好きだ。線路も、列車も、駅舎も、ジャンルを問わない。

唐津から佐賀まで走るJR唐津線の沿線風景を見たくなった。二丈浜玉道路を西に進むと、郊外型店舗が林立する先で、唐津線をまたぐ。その先で、線路と国道203号線がほぼ平行に走っている。

その道を通っている時、ちょっと不思議な光景を目にした。踏み切りに、私服の警察官とわかる人が立って、無線で何やら、やり取りをしている。高架の上や、見通しの良い高台にも、それらしき人の姿が。重大事故でもあったのだろうか。

なんだろう？　と、思っているうちに、その疑問が解けた。日の丸の旗を持った一団が、駅のホームに

岩屋風景。厳木川と特異な山容

唐津線を走る普通列車。相知《おうち》付近にて

立って、何かを待っている。「お召し列車だ！」そういえば、天皇陛下が佐賀に来られているというニュースを見た。これから唐津に向かわれるんだな、と確信した。

ずっと昔に、一度だけ鹿児島本線を走るお召し列車を見たことがある。金ぴかの蒸気機関車が、黒光りの車両を引いて、勢いよく走っていた。車掌がデッキに乗り出して、手すりをしきりに拭いている光景を、はっきり覚えている。

ちょうど厳木《きゅうらぎ》駅にさしかかった頃、赤い帯の入ったディーゼルカーが入ってきた。日の丸の旗が揺れ、黄色い歓声が車の窓越しに聞こえる。しかし、私は列車と逆方向に進んでいるため、ほんの一瞬横を見ただけで、カメラを向けるゆとりもなかった。しかし、今日はすごく得をした気分だ。何も知らずにここまできて、こういう偶然に出会えるとは……。金ぴかの蒸気機関車でなかったことは、少し残念だったけれど、運が良かったことには間違いない。

そのまましばらく直進し、多久《たく》でUターンして、唐津方向に戻る頃には、何事もなかったように、誰もいない厳木駅がぽつんと立っていた。それから、岩屋駅周辺をしばらく散策して、また線路沿いの国道に戻り、帰路についた。

こんなに通った村はない

5 七山村
《佐賀県唐津市七山》春

七山にも「博多」がある。中心地南の博多地区に広がる、茶畑

七山は茶畑が多い。これは、豪快に水しぶきをあげる観音の滝上の茶畑

最初の目的は、玉島川上流のヤマメ釣りだった。初めてこの村を訪れた頃はまだ、車の免許を持っていなかったから、福岡から原付バイクで山越えして、通っていた。このバイクで村を巡っていたことが、村内のほとんどの道を知る結果となった。車では到底通れないような粗道も、バイクだから行ける利点を生かして、ヤマメのいそうな川を探して、走り回った。

この地に通いだして二五年になる。七山は大きく変わってしまった。

のどかで、ポツンとした所というイメージと、村民の素朴さに好感を持ち、隠れ村民を自称するくらい、慣れ親しんできた。いつの頃からか、地元の人たちから「お帰りなさい」といわれるほど、顔を知られる存在となっていた。村から、どこかの町に仕事に通っている住人と思われていたのかもしれない。

どんなに仕事が忙しくても、週に三日はここにいる。半ば、中毒と化し、生活の一部にまでなっていた。当初の目的のヤマメは、いつしか置き去りになり、巡る楽しさが先行。

今では、毎日混雑するようになった野菜販売所も、通い始めた頃は、ただの空き地で、その前に、木枠の小さな無人販売がぽつんとあっただけ。村内巡りの帰りに、ちょっと立ち寄り、百円入れて少しばかりの野

観音の滝上流の滝川の流れ。度重なる工事の影響で、苔は剥がれ落ち、白い川となっている。ちょっとの雨でも、すぐ濁る。川の相当奥にまでいかないと、苔むした清流は見られなくなってしまった。七山に限らず、どこでもそうなりつつある

菜を買って帰っていた。

温泉も、小洒落たお店も何もない頃の、村の風景。昔の七山を知っているだけに、今の俗化された風景にはちょっとがっかり。でも、村民が町の暮らしや、便利さや、豊かさを求めてこうなってしまったのなら、それは仕方がない。他所者の私は無責任に理想を望むだけで、暮らす側には立っていないのだから。

それに、そう言いながらも、いまだに通い詰めているということは、まだ、村のあちこちには、変わらぬあの頃の空気や景色が残っていることを知っているからにちがいない。

樫原湿原——亜高山性の湿生希少植物が見られる

ヒツジグサ

着色スケッチ

無目的で、たどり着いた風景

6 伊万里市
《佐賀県伊万里市》 春

天気も良いし、日曜だから、ちょっとどこかへ行こうという、女房の誘いを断る理由もみつからないので、出かけることにした。「ちょっとどこかへ」という時は、大概西の方向になるし、お昼もコンビニで済ませることになる。

無目的で車を走らせると、通い慣れた七山か唐津になってしまうし、女房の「またあ！」という顔も想像できる。だから、今日は少しやる気を見せるつもりで、とりあえず厳木《きゅうらぎ》まで足を延ばしてはみたものの、ここから先が決まらない。このまま直進してしまえば、多久市街だが、ただ町中を行くよりは、のどかなところが良いと思い、突然前方に見えた枝道を、行ってみることにした。

くねくねと曲がった道は、広くなったり、狭くなったりしながら、延々と続いている。どこに向かっているのか、さっぱり見当がつかない。薄暗い林の中を、

スケッチをもとに仕上げた風景画

長い時間走っていると、突然明るく開けた所に出た。川がある。小休止のつもりで、土手に車を乗り入れる。川には魚が群れていた。小石を投げると、その輪に、餌と間違えて寄ってくる。

広い田畑と小さな集落、ちょっと高いところに、真新しい道路が見える。たぶん方向的には、伊万里市のどこかだろう。

ふと目を草むらに落とすと、テントウムシを発見。家庭菜園で、アブラムシを食べてくれる、益虫だ。普段、他所で見つけては、畑に放している。それを知っている女房が、突然「集めようか？」と言い出した。

無目的に、この知らない場所に来て、夫婦でテントウムシを探す。小休止のつもりが、ずいぶん長い時間ここに留まっている。予め、コンビニで買っていたおにぎりをぱくつき、暖かな日差しの中を散策。

川、田畑、雑木林、集落と、描きたくなる要素が、揃っている。脳はスケッチモードに切り替わり、観察が始まる。女房は、遠くの草むらで、今度は花を摘んでいるようだ。いつものぶらぶらと、さほどの変化はないけれど、何かが違う充実感がある。帰りに畑に寄って、捕ったテントウムシを放し、ついでにイチゴとエンドウを収穫して、暖かな日曜日が終わった。

麦秋探して糸島めぐり

7 波呂
《福岡県糸島半島》夏

糸島は麦畑が多い。

春にビロードのような銀穂が風に揺れる様は、実に美しい。また、麦秋といわれる、刈り入れ前の、朱く色づいた姿も見事だ。言葉でこそ秋だが、初夏の風に吹かれて、天上を向いてピンと立ってるところが、散り行く秋の紅葉とは違うところだ。元気がいい。

入梅前の晴れた日には、畑のあちこちから、刈穂を焼く、煙が見える。これが終わると、田植えの季節の始まりだ。

一年を通して最も好きな季節。まだ汗ばむほどの暑さは無く、野山の木々は新緑から少し深い色に変わり始める。気分も高揚してくるし、夕方ののんびり帰れる、日の長さ。

井原から、西に足を延ばして、波呂《はろ》の交差点に差し掛かった頃、熟れた麦穂に夕日が当たって金色に輝き始める。

「しめた！」

この瞬間を待っていたわけではないけれど、いつもより少し遅く帰ろうとしたおかげで、偶然、こういう幸福に出会えたことに感謝。目に、脳に、いっぱい焼き付ける。

日が傾くにつれ、麦畑は金色になっていく。こういう変化を知るのも、観察のおかげだ。「だから、着色するときには、焼き付けた印象を壊さないように、ちょっと大袈裟に、寒暖色の対比で、麦の輝きを表現しよう。手前は暖かい黄色を基調に、奥の山は、冷たい青を基調に深く、暗く。」見たその場で、あれこれ探り、考えて、イメージを膨らませていく。

見えたままの風景に、自分の想いを加味することで、絵が活きてくるのだ。

井原の麦秋。井原は前原市の南に位置する、雷山山麓の広い範囲を示す

波呂の夕暮れ。波呂は、井原の西に位置する。夕暮れになると、開けた平野が金色に染まる

開聞岳が見える丘にて

8 開聞岳
《鹿児島県薩摩半島》 夏

二十歳の頃、旧国鉄枕崎線の鈍行列車にのって、終点の枕崎まで行ったことがある。旅の目的は、枕崎に行くことよりも、列車に乗ることだった。

真夏の窓外を、ぼんやり眺めているうちに、揺れる列車の振動が、心地良い眠気を誘う。重い目蓋《まぶた》の向こうに、ぼんやりと風景が流れていく。起きているのか、寝ているのかわからない、まるで夢の中を走っているような気持ち良さ。うとうととして、ふと目を開けると、黄昏《たそがれ》の風景に染まり、金色に輝く見事な開聞岳が目に入ってきた。その時の感激が今でも、心に強く残っている。

それ以来の鹿児島だ。知覧《ちらん》町から頴娃《えい》町へ向かう道の途中に、小高い丘を見つけて、そこへ行きたくなった。

背丈の高いカヤに隠れた枝道を見つけ、そこを上る。車一台がやっと通れるような、細い道を上り詰めたところに車を止め、振り向けば、絶句するようなパノラマ。

青く空と同化したような開聞岳と、広大な茶畑、遠くには松原らしき長い緑の帯と、青い海。対岸の大隈半島もぼんやり霞んで見える。なんという絶景だ。

「描きたい、どうしてもここは描きたい」

気持ちのテンションは上がり、イメージがもくもくと入道雲のように湧き上がるのを感じる。アドレナリン全開のような興奮。「来てよかったあ！」思わず叫びたくなる衝動。

景色を見てこんなに感激したのは、久しぶりのことだ。淡々と絵を描く毎日。本当に描きたいものを描いているのかも分からないような、冷めた近頃の自分が、こんなに描きたいと思わせる風景に出会えたことを感謝せずにはいられない。

小高い丘から遠く開聞岳を見る。遠い景色ほど、空の色に同化させることによって、絵に奥行きがしっかり出る。近くになるほどに、暖色を混ぜて、自然な遠近感を出している

黄《たそ》昏《がれ》時を待って

9 霧島
《宮崎県えびの市》 夏

お盆を過ぎ、夕暮れが早くなってきた。日中はうだる暑さでも、夕方は幾分涼しく感じる頃に、えびのへ足を運んだ。目的は、霧島連山だ。

今まで一度も、晴れた霧島を見たことが無かった。行くと必ず、曇ったり、雨になる。どうもこの山と相性が悪いようだ。だからといって、急に思い立っていけるほどの近さでもなく、予め日程を決めて、晴れそうな日を選んでも、着くと、この有様。

行って見なけりゃ分からないというのは、目的地が遠いため、結果が悪いと、相当疲れることとなる。高速代もかかるし、そう度々行く

わけにもいかないが、こう天気に裏切られてばかりだと、半ば意地になって、何が何でも見てやると思うようになってから幾度目かの夏に、ようやくその願いを果たすことができた。

人吉を過ぎたあたりから、南の空が真っ暗になってきて、「くそっ、またか！」と思っていたが、着いてみれば、雲ひとつ無い快晴だった。ほっと一安心。

それでも、いつ天気が急変するやも知れないという不安から、山の姿が見えているうちに、急いでカメラに収めようと、国道を高原《たかはる》町へ向かいながら、時折枝道に入っては、また国道に戻るを繰り返して、たくさんの写真を撮った。

昼食で立ち寄ったレストランで、今まで撮った写真の確認をしたが、どれもいまいちピンとくるものが無く、それというのも快晴という空が、反《かえ》って、風景を単調なものにしているようで、これほど晴れを待ち望んでいたにも拘らず、良すぎる天気に不満を持った。

いくら撮りためた写真を見ても、イメージが湧かないのだ。連山を目にして、瞬間的に美しいという感情は出てくるが、それをカメ

黄昏の霧島連山

ラに収めて、見直すと、そのときに見た感動がなかなか伝わらない。写真というものは、いつもそうした結果を生むことはわかっていながらも、これだけ多くのものを撮って、その中に、これだ！　という一枚も見つからないというのは、ただ、無感情な感動に動かされるままに、シャッターを押していたからにちがいない。

もっと、観察し、ここだという場所を選ばなければ、わざわざ遠い道のりを、多くの期待を持って来た意味が無い。そう思うと、今まで撮ったデータを全消去し、新たに、場所選びをすることにした。

時間は、まだゆっくりある。高原町まで来ていた道を、また、えびのへ戻り、理想の風景探しに向かった。

途中、小さな枝道を見つけ、左折。しばらくは人家の合間を走る生活道路だったが、家が途切れた頃から、道は急に広くなり、風景も広大な田畑の広がる、大きな景色となった。真正面には、霧島連山が長い尾根を横に広げている。

いきなりカメラは向けずに、風景をじっと見る。草陰から、虫の音が聞こえる以外に、音も無く、時折農家のトラックが、通り過ぎるくらいで、実にのどかで、静かなところだ。

すると突然、遠くから列車が走る音が聞こえてきた。

「線路があるんだ」

また車を走らせ、線路を探す。広い田畑の中をしばらく走ったところで、線路をまたいだ。

「ここを走っていたのか、見たかったなあ、列車」

若い頃に、鉄道が好きで、よく旅をしていた頃のことを、ふと思い出す。あたりを見渡せば、シーンと静まり返った景色がある。そのうち、ここの風景のイメージ画が、頭に浮かんできた。

「ここを描きたい。夕方だ。夕方を待とう。黄昏時の風景がこの場所にはぴったりだ」

ここで、夕方を待つことにした。秋が深まっている頃だから、それほど長い時間を待たずとも、夕暮れの気配が徐々に近づいてくるのを感じた。

辺りが、だんだん黄なりの色へ変化していく。道に落ちる木の影も、長くなり、これだ！　というチャンスを逃さず、カメラに収め、目にもしっかり焼き付けて、満足のいく一枚が、頭の中で、完成した。待ってよかった。

唐辛子の味噌漬に心揺れて

⑩九重《大分県九重町》秋

九重の草原を見ると、アルプスの少女ハイジに出てくるような、広い草原を連想する。しかし実際に草原と見える場所に足を踏み入れると、のんきにスキップ踏んでいるゆとりもないほど、背丈の高いカヤの草地だ。

「あんなところを走っていたら、怪我だらけだ！」

　それでも、風に揺れる広大な風景は、このあたりに来なければ見られない。緑が美しい。特に、下界では、未だ夏真っ盛りの頃、ここは、もう秋が草間から見え隠れしている。

　ツリガネニンジンの薄紫や、カワラナデシコの鮮やかなピンク、暗い林に鳴く、ヒグラシの悲しげな声。中でも夕暮れの涼風に揺れるユウスゲを目にすると、夏の終わりが、ここでは始まっていることに気付く。

　九重に来たからといって、登山はまずしない。標高が高いから、それだけで十分登山気分になれるし、正直山登りは、しんどくて……。

　牧の戸の駐車場辺りは、中高年の登山者でいっぱいだ。今日が週末であるということも、その勢いに拍車をかけている。風向きによっては、時折ゆで卵のような、硫黄の臭いが漂ってくる。私は、この臭いが苦手。臭いから逃げるように、その場を立ち去る。

「臭いくらい我慢すればいいじゃないの」という声が聞こえてきそうだが、不快な思いで、そこに留まらなくても、ほかに見ごたえのある風景は、いくらでもある。

　千町無田に場所を変えて、遠目に九重の山並みを眺めることにした。水無川の両側に、広く広がる水田地帯を、冷たい風が吹き抜ける。涌蓋山《わいたさん》、三俣山、黒岳と、美しい山容の峰々が一望できるここは、私が好んで訪れる場所のひとつだ。

　同じ九重なのに、観光道路としての、やまなみハイ

ウェイから、一歩外れただけで、人っ子一人いない、静かな場所となる。
広い水田、点在する民家、それを取り囲む山々。あるものは、それだけ。しかし、この景色が自分には、すこぶる快適で、しばし散策。
風は秋でも、空には濃いコバルトブルーの青空に、夏雲が流れていく。ぼんやり空を見上げて、吹き渡る風に吹かれて、のんびりとした時間を、ただ過ごす一時が気持ち良い。
十分満喫して、黒岳方向へ移動の途中、地元の小さな農産物販売所をみつけて立ち寄る。初対面とは思えぬほど好意的で、そこに並べられた商品を、どんどん味見してとばかりに、持ってくる。その中に、唐辛子の

千町無田より見る、山並み

味噌漬けがあった。ちょっと舌に乗せただけで、飛び上がるほど辛いが、後を引く美味さがある。しかし、結局何も買わずに、また車を走らせ、黒岳山麓にたどり着いた。

黒岳の深い森の根元はどこか牧歌的で、鬱《うっ》蒼《そう》とした森の山と対照的に、開けたのんびりさがある。一枚描きたくなって、絵筆を取り出し、早速スケッチ。カメラで、あちこちをパチリ。

最もお気に入りの風景を、気分良くスケッチできて、大満足。しかし、気分は満たされているのにもかかわらず、この、後ろ髪を引かれる、心残りの感覚はなんだろう?

どうやら、それは先ほど味見して、少し迷った味噌

千町無田より見る、山並み（ラフスケッチ）

水無川より見る、黒岳方向。夏空が広がる（ラフスケッチ）

黒岳山麓。他所より、秋が早い（ラフスケッチ）

漬けにあるようだ。買っておけばよかった。しかし、ここから来た道をまた戻るのは遠いし、どうせなら、日田往還に出て、裏側からの九重を見て、帰路につきたい。

しかし、たかが味噌漬けに心が揺れる。九重にはまた来られるが、あの辛味にまた会えるかどうかは、わからない。ハンドルを握る自分が、景色より唐辛子に心奪われていることに気付く。

あえなくUターン。

ユウスゲ

涌蓋山

近い田園風景、脇山あたり

11 脇山
《福岡市脇山》秋

脇山から少し奥の、椎原にある神社のイチョウ。
周囲の暗さに、ひときわ輝いていた

日が当たっている黄金色と影の青みを帯びた色の対比

ちょっと田園風景を見たいと思ったら、糸島か脇山を目指す。九州一の人口といっても、福岡はどこからでも、一時間も車を走らせれば、田舎風景が見られる。東京のように、広い都会とはわけが違う。

脇山くらいまでくれば、春の山菜、夏のホタル、秋の実りに冬の雪景色と、何でも揃う有難いところだ。そこからちょっと山手に行けば、ヤマメも釣れるし、珍しい山野草にも出会える。

きれいに区画された水田や、こんもり茂った神社の杜、点在する民家など、穏やかな田舎の要素は、今も健在だ。油山側の高台に登れば、心地よい風景も見渡せる。特に、夕暮れの、このあたりは、夕日の赤があたり一面に染まって、殊の外美しく輝く。

ふと思いついても、すぐに行ける重宝なところなのだ。

朝霧を追いかけて

⑫湯布院
《大分県由布市湯布院》秋

阿蘇、九重そして湯布院。個展の時に、出品した作品の中で、最も喜ばれ、誰もが知っている場所である。湯布院は「一度は行きたい温泉地」として、全国にその名を知られたところだ。

その、湯布院名物の朝霧と、登山者に人気の由布岳をひとつの画面に描きたいと思って、足繁く通ったことがある。大分自動車道の湯布院辺りは、よく霧で通行止めになる。そんなに度々発生する霧なら、行けばいつでも容易に見られるものと、簡単に考えていたことが甘かった。

いざ行けば、確かに霧は出ているが、町全体をすっぽり覆って、どこもかしこも霧の中で、由布岳も町並みも何も、ただ真っ白の世界。

待ちに待ってやっと対面できた、朝霧と由布岳

金鱗湖の朝

何度ここを訪れても、いつも霧の中ばかり。何も見えないのでは、絵にならぬ。町のはずれから、遠巻きに朝霧と由布岳が見えなければ、描きたい理想の風景にはならないのだ。しかも、見れなきゃとんぼ返りで、また別の日を選ぶため、交通費がかさんで、しかたがない。

そんな、何度目かの朝。やっとのことで、その思いが通じ、望んでいた以上の風景に出会えた。

由布岳の東峰に朝日が当たり、斜面が黄金色に輝く美しさ。ＪＲ久大線沿いに立ち並ぶ、電柱が、近いところから、徐々に遠くになるにつれ、ぼやけていく。まるで温泉の湯煙が棚引いているかのように、湯布院の旅館街の上だけに朝霧が立ちこめ、建物が蜃気楼のように見える様は、実に幻想的で、感激した。

じっくり、その風景を目に焼き付けて、カメラに収め、大満足。頭の中には、色々なパターンの完成画が納まった。ひとつの風景を見て、こんなに幾つもイメージ画が出現することは珍しい。ああも描きたい、こう表現したいと、頭の中で収拾のつかないほど多くの絵ができあがった。気分も、やる気も上々だ。

描きすぎないことだけを心に決めて、満足至極で帰路についた。

玖珠から玖珠へ

13 玖珠
《大分県玖珠町》 秋

天瀬《あまがせ》から玖珠《くす》町に入ると、映画「未知との遭遇」のラストシーンに登場する山の小型版のような景色が、突然現れる。有名なところでは、伐株山《きりかぶやま》（六八六メートル）がそうだ。山の上半分を切り取ったような、奇異な形の山は、玖珠独特の風景で、他所ではあまり見られない。ここから九重はもう、目と鼻の先だ。

玖珠から小国に抜ける道沿いには、古くから有名な温泉が集まっている。そんな中のひとつの、宝泉寺温泉から、涌蓋山《わいたさん》登山口を経由して、飯田高原へむかう、くねくねと曲がった山道がある。途中、深いクヌギ林の中を通り、他所ではあまり見られない、キツリフネや青紫の花を咲かせる猛毒のヤマトリカブトなどが、道のすぐそばで見られるこの道を、よく好んで通る。

玖珠川風景

遠くに万年山を望む秋景色

飯田高原へ出るには、ちょっと遠回りで、見通しの悪いカーブが連続するには、いささか難渋するが、秋の希少な草花の、様々な色合いを楽しめる山中の道だから、少しの遠回りなど、さほど苦にもならない。宝泉寺を過ぎた高台からは、遠くに、ゴリラの横顔のような万年山《はねやま》（一一四〇㍍）が見え、流れる雲の影が、面白い模様を描いている。眼下には、秋の刈入れの終わった田圃《たんぼ》と集落。実にのどかで、ぽかぽかとしたような、のんびりさがある。

　しかし、クヌギ林の峠を越えると、広いカヤの草原に疎《まば》らに立つナラガシワの、開けた風景へと一変する。峠の坂を下れば、右に涌蓋山登山口があり、円錐形の美しい山容が、見上げる近さに鎮座している。遠くに、久住の山なみを望むパノラマは圧巻。周囲には、牧場や茅葺の民家も見える。

　飯田高原に近づくにつれ、夏の喧騒を忘れたような静かなキャンプ場や、人の気配の無い別荘が、点在してくる。

　飯田高原の牧の戸からは九重《ここのえ》町役場へ通じる広域農道の快適な道を行く。元の玖珠へ戻ることになるのだが、この途中の、起伏のあるススキの原は見事で、行けども行けどもススキばかりの風景は、深まる秋そのものだ。

茅葺の民家（涌蓋山登山口付近にて）

やがて、来るときに見た万年山が、別の角度から、その表情を変えて遠望できる。九重町役場はすぐそこだ。役場の裏手の三叉路を左折して、トンネルを抜け、町田川を渡れば、起点の玖珠に逆戻り。玖珠から玖珠への、ちょっと遠い、楽しい道のり。

アケビ

小倉岳と秋の田

味噌豆腐食えず！

14 山都《熊本県山都町》秋

山都風景。こんな、何てことない風景が好きだ。あの曲がり道の向こうには、どんな景色が広がっているのやらと、想像が膨らむから

今では、八代市泉と名を変えた、旧泉村は、ヤマメを求めて足繁く通ったところのひとつである。

福岡を深夜に出て、朝早く泉村の氷川に到着。氷川へのルートは、九州自動車道を南下し、松橋で降りて、甲佐経由で入る最短ルートと、九州自動車道菊水で降りて、山鹿、阿蘇、高森から、宮崎の五ヶ瀬を通り、清和、矢部、砥用《ともち》から甲佐経由でゆく、二つのルートがあった。後者の道のりは、前者の約二倍は時間も距離もかかるのだが、ただ釣りをするためではなく、ゆっくり、のんびりと周りの風景を楽しみながら、時間があれば氷川に寄って釣りをするし、なければ、ただのドライブと決めていた。どちらのルートを選ぶかは、その日の気分で、出発時に決めていた。

肝心の釣りもしないのに、わざわざ遠回りしてまで泉村に行くには、別に訳があった。それは、泉村の味噌豆腐だ。その、味を久しぶりに楽しみたくなって、ちょうど、熊本の御船に取材の仕事があったついでに、買いに行くことに決めた。

過去に御船から甲佐への道は何度か通ったことはあるが、うろ覚えで、いまいち自信がない。車にはナビもなく、記憶だけがたよりだが、間違ったところで、さほど気にもならない性格なので、のんきに構えて、御船を出た。

走って間も無く、山都《やまと》という聞き慣れない地名の標識が目に入った。この名前は初めてだ。しかし、多くの車が、その山都方向へ行くので、間違いなく幹線道と思い、車を走らせる。どこかに甲佐の分岐があれば曲がろうと、思っていたのが間違いだった。たまの枝道にも標識は、あくまで山都ばかり。明らかに、道が違うことは判ったが、御船から、かれこれ一時間も走っているので、今更引き返すのも面倒で、こうなったら、その、山都とやらを見てやろうということになった。

そのうち、見覚えのある風景が視界に入ってきた。「ここは、矢部だ」そこで初めて、山都が矢部だと気付いたのと同時に、平成の大合併を思い出した。道路標識の下にでも、旧町名が入っていたら、こんな間違いもなかったのにと、県外者に対しての不親切に、腹が立つ。

自分がやっとどこを走っているのか判ってから、周りの景色も目に入るようになった。山都が矢部と判り、砥用の石橋群やのどかな風景が、視界の中を流れていく。しかし、相当遠回りしたおかげで、日も傾き、肝心の味噌豆腐は、買わず仕舞いで、帰路につくこととなってしまった。

深まる秋を探して

15 南阿蘇
《熊本県南阿蘇村》 秋

この日、阿蘇に入る道を決め兼ねていた。大分自動車道を日田で降りて、小国《おぐに》経由で、内牧に入るか、それとも九重《ここのえ》インターから九酔渓、飯田《はんだ》高原から瀬の本経由で阿蘇一の宮に至るか。

後者のコースは、途中の景色は美しいが、かなりの遠回りとなるため、いささか時間がかかりすぎる。今回の目的地は阿蘇だから、欲張らずに小国経由の道を選ぶことに決めた。ところが、あまりの晴天に、「もしかしたら大観峰辺りから、阿蘇五岳の涅槃《ねはん》の姿が見られるかもしれない。」という思いが、ほとんど内牧に差し掛かっている下り道をUターンさせる。

この移り気は毎度のことで、この性格のため、予定を大幅に狂わせてしまうことも度々。しかし、仕方が

南阿蘇村の秋

無い、私はこういう性格なのだし、自分の行動で気が変わるからといって、誰かに迷惑かけているわけでもないから、文句を言われる筋合いも無いってもんだ。

大観峰に近づくと、思ったとおり、見事に阿蘇五岳の山容が浮かび上がっていた。引き返して正解だった。雲ひとつ無い快晴。なかなかこういう天気に恵まれないので、これから周る阿蘇も楽しみになってきた。

ここまで来てしまったのだから、もう内牧へ行かず、ミルクロードをこのまま走り、やまなみハイウェーと合流して、阿蘇一の宮から南阿蘇経由をすることに決めた。

阿蘇の中でも、南阿蘇の風景は特に好きで、景色は広く、民家を取り巻くケヤキの樹姿が美しい。すでに、黄色く色付き、はらはらとその葉を散らしている。田畑の方々から焼畑の煙が、抜けるような青空に向かって伸びている。

昼の時間が少ないこの季節に、阿蘇

阿蘇五岳の涅槃姿

を一周するのは、無理がある。最初は強行軍で周る予定だったが、ただ慌しく巡るだけでは、せっかくの阿蘇へ来た意味も無い。全部を見られなくても良いから、好きな風景をじっくり堪能しようと決めた。

時間の無駄ばかり考えては、楽しくない。周れなかったところは、また来ればいいし、季節が移ろえば、今日と違った感動があるかもしれない。そう決まれば急ぐ必要もなかろうと、草むらに腰を下ろして、のどかな秋を見渡すことにした。

つい先ほどまで、雲ひとつ無かった空には、いつの間にか綿菓子のような雲が、速いスピードで流れていく。それにつれて、風も冷たくなってきた。太陽はすっかり夕暮れの準備に入り、風景全体が、少し黄味がかって見えてきた。

結局、当初の予定の半分も走れなかったけれど、それでも十分満足のいく阿蘇だった。

白い景色を求めて

16 椎原
《福岡市椎原》 冬

冬は嫌いではない。特に雪がちらつく頃になると、心が躍る。

自宅の窓から脊振連山が見える。山の5合目あたりから上が白く粉をふいたように見えるうちは、まだ雪探しには行かない。なぜなら、登山はしんどいから。しかし、脊振の手前の油山や飯盛山が白くなれば、とりあえず車を走らせ、早良《さわら》の奥へ足を運んでみる。

冬の期間を通しても、雪が積もる機会は、それほど多くはない。毎日のように吹き荒ぶ北西風は、十分に寒く、身も凍る思いだが、寒いからといって、雪が降るとは限らない。

子供の頃に、朝、目が覚めて、すりガラスの向こうが白く輝いていた喜びが、今でも忘れられず、天気予報に雪マークを見つけては、朝が待ち遠しいのは、今も変わらない。窓を開けて、あたり一面が真っ白だったら、飛び上がるほど嬉しい。

しかし、あまり積雪が多いと、車で出かけるのも大変だから、せめて、目指す早良の椎原《しいば》あたりまでは、車で行ける程度であってほしいと、甚だ自分勝手な願いもある。

私は、雪景色を描く時に、白の絵具は使わない。白は、紙の地を抜く。そのために、紙の選定も大切になる。黄なりの紙では、雪の白さが描けない。絵の具もせっかく透明水彩を使っているのに、白を混ぜてしまえば、その透明感が失われそうで、いやなのだ。技法云々ではなくて、個人的嗜好による理屈。

雪を描くときは、雪のないところを強く描くことで、白さを強調するように心がけている。そのために、いきなり塗り始めるのではなく、空中で手を動かし、どう配置し、どう塗っていくかの手順を考える。画面構成を

脇山の冬景色

曲淵にて

しっかりするのだ。そして、観察し雪景色独特の色をみつける。たとえば、影が青いとか、雪間から覗く枯れ木や土は、普段より暗く見えるというようなことを。

白を強調するために、雪の周りの色を、実際より暗く誇張することによって、より、雪の白さが、周りとのコントラストで、浮き出て見えるのだ。どこを白抜きし、どこを塗るかの画面構成が完了したら、ラフスケッチで再度確認する。

それほど、普段の生活から、雪というものは、縁遠い景色なのだ。年に一度あるかないかのチャンスを、大切にしたいから。だから、今後の資料のためにも、なるべく多くの風景を、デジカメに収めることも忘れない。そして、雪の観察が終わったら、子供に返り、誰も歩いていないところを歩き、雪だるまを作り、雪玉を丸めて投げるという、小さな頃からの大切な儀式も、やらなきゃ帰れない。

水辺の恵み

椎原渓谷（福岡市早良区）

川がゆったりと流れる風景は、心を和ませる。風のない水面に映る景色は静寂を感じ、寒風吹き荒ぶ海は、雄々しい。豪雨の後の濁流と化した川には、恐怖を覚える。

水は、周囲の状況や環境によって、様々な表情を見せる。そんな水景色を描くことを、難しいという人も多い。両目を見開いて、視覚に入ってくる情報をすべて画面に落とそうとするから、小さなさざ波や、白泡の飛沫の全部を描き加えて、やたらとタッチの多いだけの仕上がりに、不満を抱くみたいだ。

小さなことに囚われず、要点だけを取り出し「らしく」描くことを忘れた結果だ。

多くの場合、水は動いているものだ。その動いている一瞬を画面に捕らえて「らしく」描くには、日頃から観察する目が必要となる。

川や海は同じ動作の繰り返し。突然の増水や高波でもない限り、車や飛行機のように、視界から消え去るものとは、同じ動くでも、意味が違う。

走り去る車のナンバープレートやヘッドライトの形まで、事細かに描き込むことは、絵として、どこかに白々しさがあるが、動いているとはいえ、視界から動き去ることのない水景色は、その法則さえ知れば「らしく」描くことは、田畑や山並を描くことと同じくらい、容易に描けるものだ。

私は、対象を見るときに、目を細めて見るように心掛けている。そうすると、見開いて見たときのような余計な情報が入らず、物の明暗や、全体の要点だけが見えてくる。このことを習慣付け、目を細めた情報の範囲だけを画面に落とせば、肝心なところしかない、整理された絵ができあがる。

あとひとつは、水を好きになることも大切。好きでもないものを義務的に描くことはしんどい。しかし、好きなものなら、気持ちにゆとりが出てくるし、いろいろ工夫して、良いものを描こうとするようになるはずだ。

多くの情報を取り入れず、好きなものから始めればいい。流れる川の表現が難しいと思えば、静水の場所を探せばよい。さざ波が巧くいかないときは、波のない日を選べばいい。

自分の技量に見合った風景を選び出して、「らしく」描いてみてはどうだろう。

17 志賀島
《福岡市志賀島》春

波静かな海辺にて

福岡市西区に住む私にとって、対岸の東区というところは、馴染みが薄いところである。仕事でも、遊びでも、ほとんど行ったことが無いくらい、同じ福岡市でありながら、生活圏が違う。

それでも子供の頃は、海水浴といえば志賀島《しかのしま》の勝馬《かつま》だった。博多港から連絡船に乗り、西戸崎、大岳を経由して着く港は、ずいぶん遠くまで来てしまったという思いをしたものだ。しかし、その頃の記憶から現在までの間が、ほとんど空白であり、西区の住民には島といえば能古島《のこのしま》だし、ほんの対岸に見える志賀島へ足を運んだのも数年振りのことだ。

当時の勝馬海岸は、海水浴だけでなく、非常に長いゴーカートのコースがあって、私は海より、そっちの方を楽しみにしていた。子供の頃から、泳ぎが不得意で、過去には溺れた経験もあるから、正直言って、海は今でも怖い。息子が幼かった頃は、夏になると、海水浴という言葉が、必ず一度は家族の中から発生するが、なるべく聞かぬ振りをして、お茶を濁してきた。だから、夏以外に、泳ぐという前提さえなければ、海遊びは何時でもOKだ。子供も大きくなって、親と行動を共にすることも減り、夏になっても、海水浴の話題が上ることも無くなって、内心ほっとしている。

久しぶりに来た勝馬は、玄界灘に面していることを忘れるほど、穏やかで、「ひねもすのたり、のたりかな」という句そのものの景色だった。

国民休暇村から道を隔てたところに、芝生と階段状の海浜公園が続き、平日ということもあるだろうが、人影も疎らで、ポカポカとした春の、気持ち良い日差しと、かすかに漂う潮の香。

視界の左端に岩場を見つけ、干潮時だから、きれい

勝馬の磯より、右から玄界島、大机島、西ノ浦（糸島半島）を見る

な砂浜を歩いて行ってみることにした。痛々しい傷の入ったような、角が取れた岩肌は、日頃の海の荒さを想像させる。大岩が連なる磯の向こうには、先の震災（二〇〇五年三月の福岡県西方沖地震）で、大きな被害を受けた玄界島が、削り取られたような茶色い肌を露出して、今まさに災害復興の真最中だ。

しかし、そんな荒々しい記憶と裏腹に、ここには、静かな時間が流れていた。

ゴールデンウィークに静かなところ

18 伊良原
《福岡県みやこ町》 春

豊前というところは、福岡市から対角線の方向に位置するためか、なんとなく遠く感じる。私は、10歳のころまで、苅田《かんだ》に住んでいたため、いくらかの馴染みもあるから、あまり違和感なく思えるが、自分の周囲の者からは、豊前といわれてもピンとこないという声も少なくない。

ゴールデンウィークは、どこに行っても車や人で、その移動だけでもうんざりするほどの混雑だ。私は自由業だから、なにもわざわざ休日に動かなくても、平日に動ける利点があるし、普段の仕事が、九州の方々に取材に出かける日々なので、逆に人出の多いときは、家でのんびりしていたいと思うけれど、その気持ちは、家族には伝わらないので、とりあえずどこかに出かけることとなった。

今更、有名観光地に行ったところで、昼飯もまともに食べられない状態だということは、判っているから、これといって何も無いところへ行ってのんびりしようということとなった。行き先は、行橋から南西方向に走った、伊良原《いらはら》というところ。ずいぶん昔に、ヤマメを求めて豊前を探ったときに見つけたところだ。祓川という川沿いに集落が点在する、のんびりした風景が見られる。ただそれしかない。

もっと華やかなゴールデンウィークを期待していた家族には、拍子抜けだろうが、アユやヤマメやホタルなどのたくさんの生物を育てている川は、比較的浅くて、流れも緩やか、周りの景色は、穏やかで、どことなく懐かしい。ゴールデンウィークの殺気立った観光地とは、全く異次元の世界のように、普通の時間がゆったりと流れている。

春には、川岸に菜の花が咲き乱れ、夏には、地元の

祓川中流域の風景。溜まりにふと、目を落とすと、ヤマメが素早く岩に隠れた

子供たちの水遊びの歓声が聞こえ、伊良原を源流まで上り詰めれば、英彦山山系の見事な紅葉も手に取るように見える。

　しかし、こののどかな原風景も、やがてはダムに沈む運命にある。ここは、伊良原ダム計画が進行中なのだ。いずれは、水の底とはなんとも悔しい思いだ。

　心地良いものが、自分の視界から無くなる寂しさは、つらい。

ダムに沈むところ（1）

19 嘉瀬川
《佐賀市嘉瀬川》春

趣味の渓流釣りを始めて、かれこれ二五年になる。ヤマメという魚を求めて、九州の方々の川に入ってきた。かつては、年間（解禁期間三月一日〜九月三〇日）に、釣行回数一〇〇回以上と、熱くなっていた頃もあったが、大型台風やさまざまな工事の影響で、渓は荒れ、様子は年々悪くなっていくし、魚も徐々に姿を消して行き、足も段々遠退いて、今では、年に二回も行けばいいほうだ。

ただ、渓流に限らず、川は今でも好きで、魚が泳いでなくても、水さえ流れていれば、つい、覗き込みたくなるし、良い思い出の詰まったところは、尚更想いが強いし、近くを通れば、寄り道したくなる。

そんな思い出の多い川のひとつに、佐賀の嘉瀬川が

旧栗並集落の上を通る、真新しい道路。画面左上に代替地がある。どの家も、御殿のように大きい

栗並川上流にある、茅葺屋根の民家。この家は立ち退かずに残っているということは、水がここまではこないということがわかる。こういう景色が残っていることに、ほっとする反面、ぽつんと取り残された寂しさもある

ある。脊振山系に源を発し、古湯温泉、川上峡を経て、有明海に注ぐ一級河川だ。

ヤマメ釣り自体は、本流よりは、そこに流れ込む多くの支流に入ってばかりいたが、滝あり、瀬あり、瀞《とろ》ありの様は、見ているだけでも気持ちがよかった。

しかし今、この川は大きく変わろうとしている。古湯温泉の少し上流で造られている、嘉瀬ダム工事で。

ダムの工事というものは、長い年月をかけて、見事なばかりに、風景を変えていく。のどかな川沿いの集落は、代替地に、御殿のよう

今は無くなった、旧東畑瀬集落のイメージスケッチ

なお屋敷が建ち並び、かつては、ただの山林だった場所に、見上げるほど高い橋が建つ。民家ばかりではなく、沈むところは、神社もお地蔵様も、みんな新しい場所へと引っ越している。

川沿いに走っていた道は、高いところへ移動し、川は、視界からどんどん遠くなっている。しかし、そこに住む魚や、希少な植物たちは、ただ水の底へと消えて行くだけ。

土煙をあげて大型ダンプが行き交い、自然は削られ、やがては消える。川好きの私には、こんな光景が、たまらなく寂しい。

そんな、消えた集落のひとつに、東畑瀬という所があった。段々に立ち並ぶ民家のあちこちにはメタセコイアの巨木が。杉の仲間でありながら、新緑も紅葉も楽しめる、美しい樹姿。そんな、のどかな東畑瀬の風景が大好きだった。今でも自分の脳裏には、あの美しい景色が焼きついている。

しかし、のどかなものを無くした彼方に、やがては、思い出さえも沈んでしまうのではないだろうか。

ダムに沈むところ（2）

⑳中津江
《大分県日田市赤石川》春

私の仕事のひとつに、イラストマップがある。イラストマップというと、かわいいキャラクターが登場し、町の観光案内と思われがちだが、私の場合は、植生分布、町のしくみ、歴史資料など、特殊な場所でしか使われないことも多い。

ある日、大分県の中津江村（現日田市中津江）に建設中の、大規模ダムの環境保全の仕事が入った。内容は、ダム完成後の動植物分布と近隣ダムの位置関係で、用途は、小学校教材として、とのことであった。

さっそく、現地下見に行った。そして驚いた。この仕事依頼がくるまで、その川にダムが造られようとしていることは、全く知らなかった。そこは、かつて、ヤマメを追って幾度となく入った赤石川だった。

仕事として、数年振りにここへ来て、その工事の大きさに驚くばかりだ。かつては、細い道が、川に沿って走っていたはずが、その川をはるか下方に見下げるところに、真新しい道路や、バンジージャンプができそうなくらいの高い橋が、あちこちにできていた。うっそうと茂っていた森は丸裸となり、かつて、汗水たらして釣り上った川は、視界から遠ざかっている。ただ川を堰き止めるだけに、こんな工事が必要だろうか、と思ってしまう。

やっと川と接するところを見つけ、そこから、草をかき分けて、下りてみた。川がどうなっているのかが心配で、見ずにおれなくなった。しかし、想像していた以上に、川はきれいだった。工事による濁水や泥の堆積を予想していたが、目に入ってきた風景は、ダムにいずれ沈むことを、知ってか知らずか、白泡を輝かせて勢いよく流れていた。

赤石川中流部の流れ

目に焼きついた菜の花

21 甘木《福岡県朝倉市》 春

大分自動車道の小郡を過ぎてしばらく走っていると突然、黄色い風景が視界に飛び込んできた。「うわ〜なんだ!?」土手一面に咲く菜の花だった。一瞬で後方へ消えたその風景に、思わず興奮した。

今日の目的地は、日田の豆田。イラストマップの仕事で、その歴史的町並みを描くための下見だ。白壁や古い家並みの通りを歩き、取引先に指示された場所の撮影も終わった。

このまま真直ぐ高速を走って帰れば、昼過ぎには帰宅できる。しかし、来るときに見た、あの黄色い風景が頭から離れず、確かめずにはおれなくなり、帰りは高速を通らず、国道を走ることに、あの風景を見た直後に、すでに決めていた。

「甘木より小郡寄りだった。キリンビールが近くに見えたな」。記憶を呼び起こし、その所在に見当をつける。

夜明ダムを過ぎ、原鶴が近づいてくると、筑後川の土手にも、菜の花が疎らに咲いていた。しかし、まるで黄色い絨毯《じゅうたん》を敷いたような、あの景色には到底敵わない。だから、ここで満足するわけにはいかない。

考えてみれば、甘木の近くだから、なにも国道を進まなくても、高速を甘木で降りれば、もっと早くそこへたどり着けたのに、と、後になって思うほど、あの景色が待ちきれない。というのも、先ほどからの空腹感が徐々に強くなり、景色よりご飯に心動かされている自分が、そこにいるからだ。「満腹になると気が変わるかもしれない」という不安があるから、先を急ごうとしている。

何とか甘木に入ってはみたものの、ここからどう行けば先ほどの景色に出会えるのかが、さっぱりわから

佐田川の菜の花の風景

ない。地図を広げてみても、古い道路地図のため、肝心のキリンビールが載っていない。どこをどう通ったか、バイパスらしき広い道に出て、突然右前方の川沿いに、朝方見た風景とは違う別の真黄色な景色が目に飛び込んできた。

車を土手に乗り入れ、降りると、そこは黄色一色の見事な菜の花だった。水が流れているところ以外は、黄色の帯が続いていた。きっと、高速から見たあの川は、ここの下流だろうと確信した。

川の名前は佐田川。身震いするほどきれいな景色だ。しばし見とれる。これで、ご飯が心置きなく食べられる。

見とれて描けない

22 小川《宮崎県延岡市》春

佐伯（大分県）の番匠川はきれいな川だが、透明度は必ずしも一番ではない。九州の様々な川を釣り歩いて、もっときれいな所は、いくつも見てきた。ただ、番匠川は好きな川の上位にいつも在ることには間違いない。

ある日、書店で雑誌を見ているとき「小川」という川の写真を目にした。記事に目を通すと、延岡の北川水系の支流であるということが、書かれていた。

「延岡か、北川か、遠いなあ」

北川はずっと以前に一度だけ、一泊で釣りに入ったことがあるが、不案内な山道を走り回るばかりで、途中道に迷ったり、突然の崖崩れで、目指すところに行けないアクシデントもあり、釣る時間より、動く時間ばかりで、いざ川に入れば、恐ろしいような深い渓谷で、単独行の身には、あまりに危険と思い、到底釣れそうもないような浅く開けた川に入ったが、思ったとおり小さな魚ばかりで、印象としては、また行きたいと思うほどではなかった。

写真の川は、広い河原と澄んだ水の流れ。アユが手づかみで捕れるほど泳いでいるというような記事を読み、遠いけれど、行ってみたくなった。ただ、あの番匠川ですら、相当遠いのに、そこから更に1時間以上南下しなければならないということを思うと、すんなり「行こう」とは決められなかった。

迷っているうちに、年を越し、春になってしまった。あれから半年、水も温みだした頃、ようやく決心して、行くことに決めた。目的地が遠いから、道具に抜かりないように準備、車も点検を済ませ、いざ出発。

本当は、遠回りだけれど、一旦南阿蘇の高森まで行き、五ヶ瀬、高千穂から延岡に入り、そこから北川を

小川中流域のスケッチ

北上して行ければ、途中の見慣れない景色も楽しめて良いのだが、日帰りという日程では、あまりにきついので、大分道を南下する最短に、渋々決めた。それでも、片道4時間半。ほとんど、休みらしい休みを取らずに行っても、こんなにかかる。この道を、また帰らなければならないのかと思うと、来てしまったことに後悔もあった。

ところが、ＪＲ日豊本線とほぼ平行した国道を南下していると、道に沿った左側に、突然青い流れが、目に飛び込んできた。大きな青い川だ。一瞬、小川を通り越して、北川本流まで来てしまったのかと思ったが、この大きな川こそ、目的の「小川」だった。「どこが小川じゃ！」思わず独り言が出てしまう。

車を止め、橋の上から覗くと、青く深い大量の水が流れていた。

番匠川は、さらさらと川床を削って流れているような風情だが、ここは、その反対のような風景で、恐ろしい深さと速さがある。

上流へ行く途中で、農具を洗う人の姿を見た

佐伯を過ぎた頃から、パラパラ降りだした雨も気にならぬほど、美しさに見とれてしまった。あたりを走っていると、川が二つに大きく分かれていたので、細い流れの方を、上流目指して行くことに。

降りだした雨とその遠さに、幾分腐りかけていたけれど、この水を見て「来て良かった」と、見とれるばかり。初めて、番匠川を見たときと同じくらいの興奮だ。

川は、どこまで上っても、流れは強く、深い。「川は、流れとらんといかん！」という持論に適う風景だ。

やがて、道と川は段々に離れ、水は深い森の中へ消えていった。雨は本降りとなり、これ以上の強行はするまいと、帰路に着く。帰りの長い道のりも、鼻歌交じりで気分が良い。

番匠川に片想い（1）

23 番匠川
《大分県佐伯市》春

かつて本匠村と呼ばれていた村は、平成の大合併によって、大分県佐伯市本匠と名を変えた。その旧本匠村を源とし、佐伯市に下る川がある。名前を番匠川《ばんじょうがわ》。この川の美しさに虜となって久しい。

一九九〇年頃、橋梁設計の仕事で、新設の橋の現場下見でここに来て、その川を覗き込んで、驚いた。「なんだ、この透明度は！」川底の小石ひとつまでが、鮮明に見える。しかもちょっと深いところは、みごとな青緑色をしている。

「上流が見たい。源流まで行ってみたい」。その思いは自制がきかぬほど強く、そそくさと用事を済ませ、川上を目ざす。川と道が接する度に、車を止めては覗き込む。

何度見ても、出てくる言葉はいつも同じ。「どうしてこんなにきれいなのだろう」

本来、川や海はこうあるべきはずなのに、どうして、という言葉が出てしまうほど、身近な水辺は汚れている。これが当たり前でなくなっている現実。単純に川が好きな自分には、辛いこと。

じっと佇み川面を見ているうちに、描きたくなった。しかしどうやって塗れば、この川を表現できるか、構想がまとまらない。興奮が治まらず、頭の中が混乱している。

ひとつの結論として、絵具を極力混ぜずに使ったほうが良いだろうということになった。「川底の小石ひとつまで、事細かに描くより、簡素に要点だけを見つけて描こう。水面は多くのタッチを入れずに、大きな筆で大きく塗ったほうが、絶対良いはずだ。そのためには、大きな筆がいるなあ。持っていたかな？　帰ったら、画材店に寄って、この川に見合った絵具を探そう。ついでに、筆も」

こんな風景を描けることに、わくわくしてきた。ところが、いざ画面に向かうと、これがなかなか巧くいかない。そういえば、いつもなら頭の中に、完成された絵が浮かんでいるのに、今日は全く出てこない。いや、水以外の背景はしっかり出てくるけれど、肝心の水が、全く白紙だ。それほど、この川の美しさに、気持ちが負けていることに、気付く。

最初の思いとは裏腹に、何度も塗り重ねては、破り捨てを繰り返しているうちに、くたびれてしまった。こうなってしまうと、気ばかり焦って、良いものから、どんどん遠ざかってしまう。もっと冷静になって、考えよう。

描きすぎないことにこだわるあまり、技術的なことばかり先行してしまいがちだと、気付いた。〝好きなものは描きすぎる傾向にある〟をふまえて、まずは、それでもいいから、自分の好きなように描いてみようと決めた。それが番匠川らしくないものでも、ひとつを完成させて、良い流れを作ろうと。

番匠川はこれ一回で終わるはずもなかろう、ということは、この川への強い思いから確信できる。だから、まずは、自分がすきな欠片《かけら》を切り取って、描いていくと決め、筆を握ることにした。

現流域の荒瀬。全般に穏やかに、ゆったりと流れているというイメージの強い川だが、源流は、大小の岩が転がる、ダイナミックな景色も多い。そんな、荒々しい風景の一部を切り取ってみた

番匠川に片想い（2）

24 番匠川《大分県佐伯市》夏

初めてこの川を見て以来、すっかりその虜となってしまい、片道約二〇〇キロの道のりを、川見たさ一心で通って久しい。ただ、いくら好きとはいえ、いつも日帰りの道のりは、さすがに疲れる。しかも、ただ行って帰るだけならまだしも、源流あたりまで長躯したり、支流を見たりと、行く度に、飽きもせずに往ったり来たりだから、単純に往復四〇〇キロとはいかず、少なくとも合計五〇〇キロは乗ることとなる。そのうえ、運転するばかりではなく、流れる水に見とれたり、魚の姿を見れば、上へ下へと忙しくなるのも、何時ものことだ。

結局、一日の大半を、目も体も使い切った状態で帰路につくため、帰り着いた頃には、体はくたくたになる。もう暫くは、行くまいとその瞬間は思っても、二～三日もすれば、また行きたくなる、半ば中毒と化している。それほど、何度行っても飽きない魅力が詰まったところなのだ。

息子がまだ小学生だった夏。自宅を深夜に出発して、番匠川に早朝到着。この日の目的は、暑くなる日中前に、川で少しの時間水遊びをして、お昼ご飯をどこかで食べて、ゆっくり帰宅、という計画だった。

浅くて流れの緩やかな場所を見つけ、泳いだり、潜って魚の姿を追ったりしているとき、息子が「ザリガニがいる！」と言い出した。

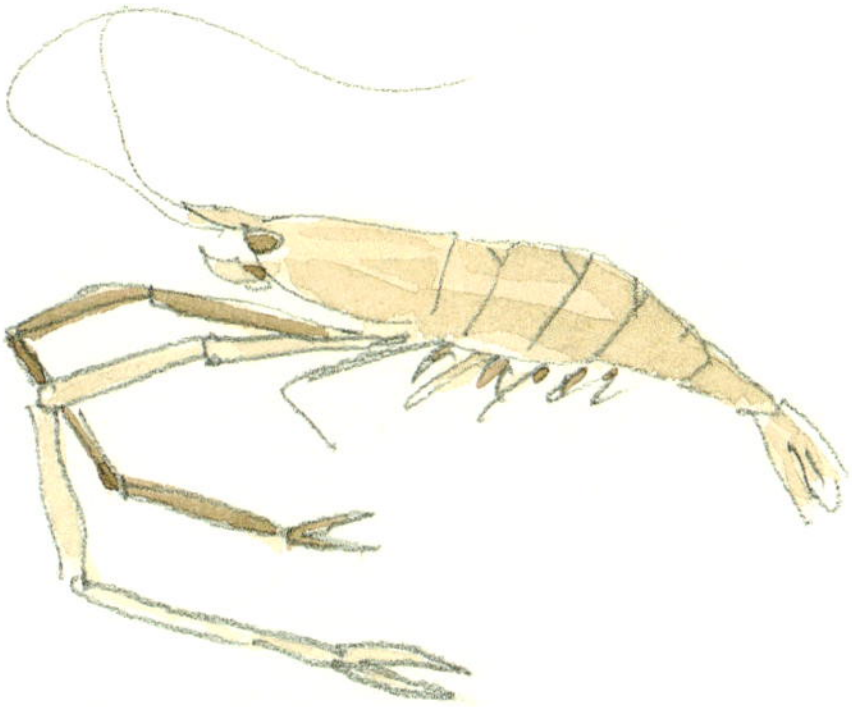

テナガエビ

番匠川中流域、堂ノ間付近の風景。このあたりは、伏流なのか、少雨の頃は水がない。この日は、雨後だったので、流れていた

「こんなきれいな川に、ザリガニ？」

半信半疑で、息子が指差すところを、水中眼鏡で覗いてみた。

テナガエビだ。かつては、水のきれいな川なら、どこにでもいたエビ。しかし、近頃では、希少価値の生物となった。

ちょっとだけの水遊びのつもりが、このエビ出現によって、場が慌しくなってきた。親子で交互に潜り、大石を裏返すたびに、その姿を見る。最初は網で、恐る恐る捕っていたが、隙間から逃げられてばかりのもどかしさに、やがては、鋏で挟まれること覚悟で、手づかみとなった。

ただの水遊び一転して、六時間もの間のテナガエビ漁となり、なんとか、五匹確保。能率の悪い水揚げだが、とても満足。

しかし、長時間川から背中だけ出していたために、子供共々、真っ赤に日焼けして、痛くて眠れぬ夜を過ごす羽目に。

この一件以来、夏休みになると「目指せ番匠川！」という合言葉ができるほど、親子にとって、最高の夏の一日となったのも、懐かしい思い出だ。それが、近頃では、ちっとも遊んでくれない息子なのだ……。

番匠川に片想い（3）

25 番匠川
《大分県佐伯市》秋

番匠川に足繁く通いだして、十年になる。しかし、家から川までの距離は、何年経っても同じだ。やはり、遠い。「ちょっと行ってこよう」と、思い立って出かける距離ではなく、事前に日程を決めて、行動に移すのはいつものことだ。忘れ物をして、すぐに取りに帰れるところではないので、しっかり持ち物も確かめて、用意万端で行っている。

一旦、高速道路に乗ってしまえば、もう戻る気にはならないから、何度も確認する。だから、必要の無いような物まで用心深く用意し、結果、大荷物となってしまうが、そのほとんどは、使わぬまま持ち帰ることとなる。わざわざ行って、デジカメでパチリでは味気ない。ちょっとはスケッチもしたいし、時間にゆとりがあれば、じっくり散策もしたい。だからどうしても、昼間の時間が長い、夏の期間に行くことが多くなる。

本当は、秋の夕暮れや冬景色も見てみたいが、明るい時間が限られるため、思ったほど周れない。そう思って、一度だけ泊まりで行ったことがあるが、時間に余裕があると、目的以外の余計なことまで取り込もうとするから、結果は、さほど変わらないどころか、無駄な出費が嵩《かさ》んでしまう。長くいるほどに、損得ばかり考えて、純粋に川に接する態度ではなくなってしまう。わたしにとって、ここは神聖な場所だから、もっと素直に接しなければならないと気付き、それ以降泊まりは止めた。

この川にこれほど接しながら、未だに思うがままに描けない。それが悔しく、なんとしてでも自分のイメージに沿った完成を見るまでは、通い詰めたいのだ。何度も絵筆を握りながら、出来上がりは、自分が想う通りに行かないもどかしさ。どうしても描きすぎてし

番匠川中流の流れ

まう。「描かない描き方」をいつも頭に想っているのに、つい気を抜くと、塗りたくっている。

描いては破りを何度も繰り返すうちに、純粋なイメージが判らなくなって、かんしゃく起こして、「や〜めた！」となってしまうことも珍しくない。

ところが、ある個展の時に、偶然佐伯出身のお客さんから、やっとの思いで出品した、この川の絵を見て、感慨深く懐かしむ声を耳にして、肩の荷がおりた瞬間があった。正直なところ、自分の意思で出品しながらも、どこかに後ろめたい気持ちがあった。それが、懐かしいという一言で、消えた。

考えれば、自分の中でもやもやとしていたものは、技術的な面にばかり目を向けて、絵本来の、描くということを抜きにしていたことだった。しかし、絵を見る側には、それはどうでもいいのだと。内面的な些細なことで悩んでいたのは、自分にしか判らないことだった。自分以上を求めすぎたために、出た想いだった。

今できることをやれば、少なくとも、こうして満足していただけるものなら、それでいいではないか。

個展の帰り際「とても懐かしく、楽しませてもらいました」の一言に、どれほど救われたか、計り知れない。

お堀に蓮を見に

26 福岡城址
《福岡市福岡城址》 夏

私の個展の時には必ず、蓮の絵が一枚出品される。これは決めているわけではないが、初回からずっと続いている。しかし正直なところ、蓮というものはモチーフとしては非常に描きにくいもので、苦手な材料のひとつだ。それなのに出品するには、訳がある。下衆な話になるが、蓮は必ず売れる。ただ、売れるからといって、何枚も描こうという気にならない。やっとの思いで、一枚を描きあげている。

その一枚のために、福岡城址のお堀を幾度となく訪ね歩くことになる。それというのも、中々自分の技量に合った姿に出会わないからだ。大柄で、ツルンとしていて、特徴が有りそうで無さそうな葉と、在るがままに色を置き、描けば色が突出してせっかくの想いを壊してしまいそうな、造花みたいな花。

重なる葉や花の密度をどこまで簡略化するかが、課題として残り、今回は描くのをやめようかと、思ってしまう。描きすぎれば、図鑑の絵のような説明の多い絵になるし、花の配置が難しく、いつも、花も終わり、枯れて水に埋没寸前の頃ばかりを描いてきた。

だから、一度くらい、元気な頃の蓮を描いてみようかと、今日ここに来てはみたものの、ただ堀の周りをうろうろするばかりで、一向に構図が決まらない。端《はな》から苦手を意識しているためだ。

ほぼ一日をかけて、探し回って、やっとの思いで、一ヶ所にたどり着くことができた。ここ数年、堀は、赤土のような藻がびっしりと浮き、まるで、土から蓮が生えているような錯覚を覚える。現に、土と間違えて、足を踏み入れ、堀に落ちた子供の事故もあった。

それを、そのまま描いたのでは、表現が難しくなるので、水をしっかり入れることに決めた。びっしり蔓《はび》

福岡城址の堀の蓮。水を濃く誇張して、葉の色を明るく見せている

延《こ》った藻を、棒で除けて、水の様子を丹念に観察すると、縦横無尽に茎が、水中深くまで絡まっていることが解った。見ているうちに、水の様子がイメージとして完成されてきた。

繁茂している葉も、密集したところと、疎らな部分を対照的に描き、一律に画面を葉で埋める構成はしないように決めた。葉の裏側は、表より黄味がかった明るい色だということも知った。好き勝手に生えているのだから、葉の裏側が見えていても不自然ではないし、全てが、あの傘のような大柄なものばかりではなく、虫食いもあれば、ちぎれたものもある。また、風の影響か、日の影響か、葉は皆同じ方向を向いて傾いていることも知った。

問題の花は、葉陰から少し覗かせるくらいでも、十分存在感がありそうだから、少なくすることなどのイメージが徐々にまとまってきた。

一枚描きあげるだけでも、これほどの試行錯誤を繰り返し、やっとの思いで、出来上がる結果を考えれば、一枚しか出品できないことも、頷いていただけるだろうか。

小滝の続く渓谷にて

27 菊池川
《熊本県菊池渓谷》 秋

「まるでサイダーが流れているみたい」

　これが菊池渓谷の、水を見た率直な感想だ。

「どうしてこんなに青いのだろう?」

　阿蘇や九重に、頻繁《ひんぱん》に出向き、いろいろな景色を見て回ることが常態化しているのに、この渓谷に初めて足を踏み入れたのは、ごく最近のことだ。新緑や紅葉の混雑ぶりに〝造られた谷〟という印象を強く持って、敬遠してきた。

　普段、人が近づかないような渓谷を釣り歩いている私には、遊歩道が設けられ、安全に歩行できる谷というのが、今ひとつ、足を向かわせない理由でもあった。

　子供の声で賑わった暑い夏も終わり、紅葉までは、まだしばらくの時間を待たねばならない初秋。この季

渓谷のラフスケッチ

小滝が連続する、快適な谷

節なら、人の出も少なかろうと、ちょっと物見遊山に歩いてみることとした。駐車場から渓谷入口まで歩いていると、水の姿は見えないけれど、左下方から、大きな落水の音が聞こえてきた。案内所や焼きとうもろこしを売る店の脇から、つり橋を渡る。

真下に、白泡を立てて勢いよく流れ落ちる水を目にした。もっと人が川に近いところを歩くものと思っていたが、結構荒々しく流れる、水の深さや独特の青さには、人を寄せ付けない強さがある。

川を囲む木々の多くは、広葉樹の巨木で、それを見上げたり、谷を見下ろしたりしているうちに、心の中で、今まで敬遠していた、不透明な理由が、崩れていくのを感じていた。こんなに美しく、こんなに自然に囲まれていたとは、意外であったと。

落差の大きいところの淵は、みごとに青い

秋深まった頃の渓谷。紅葉が見事

大小の滝が連続する、大きな一枚岩の滑床《なめとこ》があるかと思えば、家一軒ほどの大岩が、ごろりと転がっていたり、遊歩道という限られた中を歩く制約はあるけれど、人工的なものは、安全設備くらいで、それでも油断すれば、滝つぼへ落ちかねないスリリングな場所もあり、なかなか自然の渓谷美を満喫できるところだ。

　青く澄んだ雄々しい谷の水に、うっとり見とれてしまう。大量のラムネかサイダーが流れているような錯覚。ごくごくと飲み干したくなる衝動。

　最後のつり橋を渡り、対岸の道を下って、渓谷入口までの約一時間の散策は、殊の外満足いくものだった。

雨降りを描く

28 前原市
《福岡県前原市》秋

正直なところ、個展は単なる発表会ではなく、販売も目的としている。長年個展をやっていると、売れる絵の傾向というものが、分かってくる。しかし、描き手としての私の感情と、この傾向がなかなか合致しない。

だからといって、売れそうなモチーフばかりを揃えることには、抵抗感がある。あからさまに商売としての個展は、やりたくない。プロとして甘いといわれる方もいるかもしれないが、売れないと分かっていても、どうしても描きたいものがあるから、仕方が無い。

私は、気分が乗ってくると、技巧に酔う。「巧いなあ、俺」そういう自惚《うぬぼ》れた感情が湧いてくることもある。ただ単にきれいな絵具を集めて描く風景とはちがって、

土砂降りの中、車のフロントガラス越しに描いた、雨景色

混色で意識的に汚し、見る側が不快感を覚えるほど、暗く寂しい雨景色や増水した濁流を描くことが楽しい。
　この瞬間には、この絵が売れようが売れまいが、どうでもよくなるほど陶酔してしまう。そんなことより、技術や感情の高揚感が快感でたまらなくなる。
　だからといって、暗く不快なものばかりが嗜好の対象では決してなく、深い緑の風景や、明るい日差しの心躍るような絵を描くことも、大好きだ。そういう好きなものの中に、たまに真逆な景色も描きたくなる。
　雨の合間の曇り空に、

増水し、濁流と化した、瑞梅寺川

尾根から湧き上がる雲や、水溜りに映る景色、目も開けていられぬほど横殴りの風雨、台風前の荒れた海や雨後の目の覚めるほど輪郭がくっきりした山波や深い青空など、雨景色には、そういう非日常な魅力を見ることができる。

個展を目指す期間のストレスを、この雨景色が、雨後の風景のように、しっかり拭い去ってくれる、私には大切なモチーフなのだ。

小石原川から秋月あたり

29 秋月
《福岡県朝倉市》 秋

陶器の町小石原《こいしわら》を源流とし、江川ダムから宝満川へ至る間を、小石原川という。春は、土手に黄色い帯を巻いたような菜の花や桜を水面に映し、夏は、浅く緩やかな流れに遊ぶ子供たちの姿、そして秋は、疎らに立つハゼの真赤が、周囲の茶色い景色に一際目立つ。川に沿った国道を上流へ走ると、ほどなく野鳥川《のとりがわ》という小さな川と出合う。この川の奥こそ、小京都秋月だ。

秋月を好きな人は多い。私も、この秋月には、仕事や観光で何度足を運んだかわからない。しっとりとした佇まいの歴史の町並みは、いつ来ても心が和む。しかし今日は、普段歩く「杉の馬場」という、秋月城跡へ続く通りには寄らずに、ここに暮らす人たちの生活の道へと、足を踏み入れた。

ハゼの赤が美しかった

やわらかな日差しの秋景色

秋も深くなって、木々も葉が落ち、昼間でも夕方のような長い影が差すようになってきた。青い寒さを感じる、秋月独特の、山から吹き降りる冷風が肌に当たって、思わず身を屈める。季節は秋でも、体感は冬だ。

熟した柿がわずかばかり枝に残り、ザクザクと落ち葉を踏みしめる音が、通りに響く。本通りのような人影も無く、ただ暮れゆく秋の静かな一時が、心に染み入る。

秋月上流の田園地帯を流れる様子

秋月裏通り。長い影が、秋の深さを見せていた

絵を創るということ

普段スケッチに持ち歩いている道具は、実に簡素だ。一本の和筆、三色の絵具、一枚の溶き皿、はがき大の水彩紙数枚、ペットボトルの上半分を切り取った筆洗と筆拭き、そして2Bの鉛筆一本。小さなウェストバッグに入るだけの道具とデジカメ。多くの場合、仕事の取材でも、これだけあれば十分だ。

私は絵の題材探しのときに、現場で必ずスケッチするわけではない。多くの場合、デジカメひとつあれば、それでもよい。スケッチをするということは、対象物に対して構図がまとまらない時や、よほど気分が高揚したときくらいで、それ以外で、絵具を取り出すことはほとんど無い。あくまで、念のために持ち歩いているだけだ。

気に入った風景が決まれば、何度もしつこいくらい観察し、頭の中に完成された絵を組み立てていく。デ

佐賀市富士・無津呂《むつろ》にて

ジカメで撮るのは、あくまで確認で、写真を丸写しするわけでもなく、撮られた風景と頭の中の絵は、色合い、時刻、果ては天気や季節まで、大きく異なることも珍しくない。

個展に発表するような作品の場合は、リアルタイムで描けるが、連載などの仕事の場合は、2～3ヶ月先のことを描かねばならないので、夏に見た風景を、秋や冬に描きかえることもある。葉が茂り、夏草や湧き上がる入道雲の景色が、季節が変われば、どう変化していくかを予想し、創作していかねばならないし、それができなければ私は、多くの仕事を失う結果となるのだ。

だから、常日頃から、さまざまな場所に出向き、観て知る訓練をやっておかないと、いざというときにあたふたとしてしまう。

仕事の依頼の中には、突飛なものも多く、例えば、以前、百道浜の住宅街の写真を渡され、「これをスペイン風に」という指示を受けた。残念ながら私は、この歳になるまで一度も海外旅行というものをしたことがなく、スペインなど勿論実際に見たことも無い。それでも、旅行雑誌やテレビからの情報を素に、いろいろ考え、創作し、多くのスケッチを重ねて、まるで見てきたかのようなスペインに描き上げ、顧客の満足を得ることができた。

私が描いた風景画を持って現地に行けば、必ずしも全く同じには描いていないということが、判るはずだ。見えたままを事細かく描写しているわけではなく、創作を加え、頭の中のイメージに近づけている。

風景を目にして「ここは雨がいい」と思えば、たとえ快晴の天気でも、容易に雨を降らせることができるし、真夏の炎天下の風景を、真冬にもできる。「あの木は高いから低くしよう。あの森の木を増やそう。川を広くしよう。民家の屋根の色を抑えよう」と、見た瞬間に浮かぶイメージに沿って、目の前の風景を創りあげ、端的に表現する。

例えば、この佐賀の富士町（現、佐賀市富士）風景は、実際より奥の森を冷たく暗くして、植生の細かな描写は省略している。反対に、見せたい前景には、赤や黄色の暖かい色を混色し、冷たい背景との、色の対比で、夏の日差しを表現している。

そういうふうに描こうという想いは、この景色を見たときに既に出来上がっていて、持ち帰ったスケッチや写真を参考に、想いが消えぬうちに描きあげるだけだ。絵を描く面白さは、そのイメージをいかに自分らしく表現できるかの、駆け引きみたいなものだ。

自然の中へ

カラスウリ

カタクリ

一時期、植物図鑑の仕事をしていたことがある。兼ねてより、そういった詳細なものを描いてみたいと思っていた頃の依頼だったので、二つ返事で受けてはみたものの、元来、大雑把な性格が災いして、相当なる苦労の結果を生み、見るとするとは大違いと、大変な思いをした。

　描きたいものが描けるという、甘い考えは、内容の難しさで木っ端微塵に砕け飛んだ。今でも時々、図鑑の仕事は、単発的に受注しているが、当時のような軽い気持ちで受けることはなくなった。

　バブル景気の頃は、異常なほどの仕事依頼があり、そのストレスのはけ口を、自然に求めるようになった。誰もいない、全くの深山や渓谷を一人歩く。人が発する音が聞こえない快感。その心地よさに、中毒となった。へとへとに汗をかき、足腰ががくがくになるほど、自分を痛めつけることが、街に戻っての栄養になる。

　バブルがはじけて、仕事が激減しても、自然の中を歩くことは、半ば日常となり、もはやストレスの発散の場でなくなって、久しい。ヤマメを求め、副産物の

フキノトウ

山菜を採り、季節の移ろいを、山野に咲く草花で感じることができる自分が、有難い。

　異常気象という言葉を、当たり前のように耳にする昨今だが、街を離れて、野山へ行けば、培われてきた自然界の、季節の営みが、まだ健在であることにほっとできる。

　秋に桜や菜の花が咲いたり、冬に夏日を観測するような、温暖化の影響で、地球が少しずつ壊れ始めているからこそ、今まで感じてきた心地良さを、しっかり焼き付けておきたい。

ネコヤナギ

セリ

オオイヌノフグリ

コスミレ

野の花を愛でる

春

タチイヌノフグリ

昔から、今でもそうだが、花屋に売られている切花の名前を、ほとんど知らない。

ダリア、ガーベラ、バラ、ヒマワリ、アジサイ……え～と。

しかし、野山の花は詳しい。ヤマメを追って、深山に分け入り、魚のみならず、山菜、樹木、草花に興味を持ちだし、単に「美しい」が、やがては図鑑で調べて、その名前を知り、知るほどに、より多くの植物と

ノアザミ

ハハコグサ

の出会いを求めて、方々の山河を歩くようになった。

　結婚して子供が生まれるまでの間は、いつも窓辺に山野草が飾られていた。暇さえあれば、女房と連れ立って、野山を歩き、少しばかりの花を摘み取り、持ち帰っていた。

　最初は、野草の名前すら知らなかった彼女も、いつの頃からか、私より詳しくなり、「あそこに行けば、この季節には、あれが咲いている」というようなことを、ちゃんと記憶し、あの山、この原を走り回っていたが、

子供が生まれ、何でも触りたい、なんでも口に入れる頃から、危険物撤去のひとつとして、花瓶も取り払われ、今に至っている。

　その子供も、成長し、口に入れる心配もなくなったから、また、山野草を飾りたいとは思うけれど、あれからずいぶん物も増えたし、まず、なにより、花瓶が置ける場所の確保が困難な状況に、頭を悩ませている、今日この頃だ。

コウゾリナ

朝日の当たる山

30 塚原
《大分県由布市塚原高原》春

由布岳東山麓の朝

深夜に家を出て、朝日を探しに行くことにした。前日のうちに天気予報を確認して、ある程度の目星をつけて、出発した。

今日の目的は、由布岳東側。以前、湯布院の朝霧を見たときに、由布岳の東峰に朝日が当たり、黄金色に輝く様に感激し、「あの、東峰を描いてみたい」とかねがね思っていたことを、今日実現しようと、車を走らせている。

いまだ夜も明けぬ、大分自動車道を走っていると、閉め切った窓越しにすら、外の冷気が伝わってくる。湯布院インターを降りた頃には、東の空が少し明るくなってきた。大雑把に由布岳東側と考えていただけで、どこからこの朝日を迎えるかという具体的な場所までは決めていなかったので、日が昇りきらぬ内に、場所を決めねばと、気が焦る。

由布岳東の塚原あたりのことは、あまり詳しくない。だからといって、行き当たりばったりで、闇雲に不案内な道を往来するうちに、日が高くなってしまっては、夜駆けでここまで来た労力が報われない。日が当たる場所のイメージを考え、それらしい道を見つけ、やっと、由布岳が目の前に見える場所に着くことができた。

早速、車を降りて、その時を待つことにしたが、歯がかみ合わないほどの寒さに、思わず車へ逆戻り。なんという寒さだ。空気がきーんと冷えた感じだ。やむなく、シャッターチャンスのときまで、車の中で待つことにした。

由布岳東側は、日頃見る、温泉地側の山容と違って、深い森と荒々しく切れ込んだ谷が見える、雄々しい姿だ。やがて朝日が山に当たると、黄金色の美しい由布岳が浮かび上がってきた。寒さで、がちがち震える手で、シャッターを何度も押した。

日は、少しずつ高くなり、付近の田圃に日が当たると、見る見るうちに、霜を溶かした、立ち上る水蒸気で、風景が霞み始めた。カメラのレンズも曇って、見えにくい。

車に戻り、ヒーターの目盛りを最大にし、震える手で撮った写真を確認し終えて、顔を上げると、全くの霧の中だった。あっという間の出来事に、驚いた。日はすっかり高くなり、先ほどの霧も晴れ、帰り道の峠の下には、湯布院盆地の見事な雲海が広がっていた。

ちょっとだけ登山

31 天山
《佐賀県唐津市天山》 春

リンドウ

　山を歩くことは嫌いではない。しかし、登山が好きかといえば、そうでもない。川が好きだから、その川の最初の一滴を探して歩いているうちに、山頂近くに、たどりついたついでに、登ってみたことは幾度かあるが、正直言って、山頂には、川も無いから、さほどの魅力も感じない。

　しかも、頂上を極める征服欲など持ってないし、眺めの良さには納得するが、景色を見るゆとりもないほどの疲れで登るよりは、上っているのか下っているのか判らないような、ぶらぶら山中歩きが好きだ。だから、山頂に立つ喜びは、必要としない。

　それより、山野草や、沢の流れや、風の音や、自然の香りを愛でる方が楽しい。いくつ登ったかではなく、何を知ったかの方に強い興味がある。だからといって、頑固に「絶対登らない」と言っているわけでもないし、気紛れだから、時には「ちょっと登ってみようかな」という気になることもある。しかし、根性無しだから、あと少し頑張れば山頂というところでも、そそくさと引き返し〝ほぼ山頂〟で満足。

　好きで、楽しく遊ぶ中に「頑張る」は、いらないと思っている。頑張るは、他で使えばいいと……。

　この日も登山をしようなんて気は全く無くて、ただ、珍しい山野草を探しているうちに、天山ダム側の標高の高い登山口に迷い込んだだけで、見上げれば、山頂らしきところが見えたから、疲れたら戻ろう気分で、登ってみた。

　山を真面目にやっている人が見たら、目くじら立てて怒りそうなくらい、山をなめた格好で歩く。無茶をしようとは思わないが、元々登る目的で来た訳ではないから、仕方が無い。しかし、さすがに、草履《ぞうり》は疲れ

広域林道から見た、天山全景

る。

もう帰ろうと思った矢先に、足元にリンドウをみつけた。よく周りを見渡せば、あちらこちらに咲き乱れているではないか。

周囲を見回すゆとりも無いほど、楽しくない状態だった。登り始めてわずか一〇分足らずで、ふらふら。普段の生活で、登ることがないから、登るための筋肉のどこかが悲鳴をあげて、「もう帰ろうよ〜!」と言っている。

しかし、リンドウの花が無くなるところまでと思い、少しずつ上を目指す。花を見つけた頃から、幾分元気になってきた。目的を持ったために、楽しい要素が増えたからだろう。

歩き始めて約三〇分。花を追う内に、山頂らしきところに到着。だだっ広い草原に、ワラビがたくさん生えていた。三六〇度のパノラマを見渡して「山だらけ」が感想。寒気がしてきたので、汗を拭いて、すぐに下山。これが、上りよりきつい。砂利石のような道は、実に歩きにくい。草履だから。やっと、登山口の駐車場に到着。

帰りに広域林道から振り向いて見上げる天山に「山は、見るほうがいいや」と、独りつぶやく。

野の花を愛でる

夏

糸島に借りている菜園には、トマト、キュウリ、スイカやカボチャの黄色い花が、夏の実りに向けて一気に咲き乱れる。

家庭菜園にのめりこんで五年になる。店に売られている、イケメンや美人とは、とても言い難い不細工なわが野菜たちだけど、それまで忘れていた、ニンジンの土臭さやトマトの酸味、ナスの甘味といった本来の味を楽しめるようになった。

これ以上焼けようがないほど日焼けして、とても絵を生業としてる風体には見られぬ夏、畑の帰りに、近くの山へ足を運んだ。その理由は、ある草花の確認のためだ。脊振連山を走る長い林道の、雷山がすぐ近くに見えるところに車を止め、小さな沢伝いを、かぶる高さの草を分けながら進む。

「蛇に出会いませんように」

自分にしか分からない巨木を目印に、草間を探す。

オクラ

ネジバナ

　探す目当ては、このあたりではすっかり珍しくなってしまった、ホタルブクロとフタリシズカだ。それを見つけると、ほっとする。今年も、人に見つからず、無事に咲いていてくれていたことを。

　珍しいからと、根こそぎ抜き取られ、ここから消えていった草花の多さを知っているだけに、今残って、

ヒョウタンボク

健気に生きている彼らを、これ以上減らすことが忍びない。株が少しでも増えていてくれたらの願いは叶わなかったが、来年もここに元気で咲いておくれと願う、夏の森だった。

キツネノカミソリ

ウツボグサ

スイバ

ホタルブクロ

豊前岩岳川にて

32 岩岳川
《福岡県豊前市》夏

とても印象に残った、山容

以前、古墳の復元画作成のために、旧大平村（現築上郡上毛町）に行ったとき、ずっと前から、一度はヤマメ釣りに行ってみたいと思っていた豊前の岩岳川が近いということを知り、仕事の帰りにちょっと立ち寄り、時間があれば、少しばかり釣り糸を垂れるつもりで道具も持参したが、前日の豪雨による増水で、川は恐ろしいような水しぶきを上げていたので、釣りは断念。

それ以来、この辺りには足を踏み入れてない。あれから一〇年くらいになる。

岩岳川は、福岡、大分県境の犬ヶ岳（一一三一メートル）から、一気に周防灘へ山を駆け下りるような、流程の短い川だ。修験道場として、英彦山と共に名高い求菩提《くぼて》山を源流域に持ち、天狗が駆け回ったような、奇異な山容の峰もある、溶岩台地の山並である。

福岡市に住んでいると、豊前というところは、同じ福岡県内でありながら、すぐに行って帰ろうとすることが容易でない、遠いところだから、兼々行きたいと思っていながら、結局行かず仕舞いとなっていた。

それが今回、用事でここに行く機会ができ、心躍らせて来たものの、よく知らない土地というところは、思い通りに行き着けず、とにかく余計に走ってしまう結果を生み、釣りでも、の、その気持ちは、日が傾き始める時刻まで迷ってしまったがために、今回も果たせなかった。

一〇年という年月は、辺りの道路状況を大きく変えて、闇雲に走り、Uターンを繰り返すばかりだ。とにかく川が多くて、似た風景がたくさんある。

真新しい広域農道を行ったり来たりしているうちに〝畑冷泉〟という湧水のある神社で、偶然駐在さんに出会い、道を尋ねれば、行き過ぎと分かり、またUターン。

ガソリンもだんだん心細くなった頃に、ようやく岩岳川を発見。時間があれば、源流近くまで行ってみたかったが、迷い道に思いのほか、時間を取られたがため、帰りが夜になるのは嫌だから、中流域の辺りまでで我慢することにした。

しばらく走ると、たんこぶつきの、とんがり頭みたいな山が見えてきた。そばに、対岸へ渡れる橋を見つけ、車を降りて渡っていると、その下流の溜まりに、地元の若者たちが、楽しそうに泳いでいた。

夕方とはいえ、暑さは未だジリジリという感じで、ちょっと橋の近くを散策しただけで、汗だくになった。彼らの泳ぐ姿が、気持ちよさそうで、羨ましい。

迷い時間三時間、滞在時間一五分で幕を下ろした一〇年振りの岩岳川だった。

岩岳川の流れ。流程が短いためか、全般に流れが速い

行き先間違えて出会った風景

33 耶馬渓
《大分県耶馬渓》 夏

本当は安心院《あじむ》の、うねるような草原が目当てだった。大分自動車道から分岐して宇佐道路に入り、安心院という出口があるのを知らずに、とりあえず思いついたインターから、なんとなく出たのが、間違いだった。「行けば、なんとかなるさ」という、いつもの悪い癖で、とにかく、広い道を行ってみようと思った。車にはナビもついてないから、自分が今、目的地へ向かっているのか、逆方向に走っているのかも判らなかったが、道も十分広いし、さほどの心配もしていなかった。

ところが、幾台かすれ違っていた対向車の姿も消え、小さな分岐に記された地名は、聞きなれないところばかりで、道も二車線を区切っていた中央線が、いつの間にかなくなり、アスファルトの状態も凸凹がひどくなり、どんどん心細い道になっていく。

高いところを走っているのに、ガードレールもない山道となって、明らかにとんでもないところへ向かっていると気付いた頃には、Uターンする広さもない道になっていた。もし、ここで、車に不調が起きたら、JAFに何といって場所を説明したらいいかもわからない。

半ば強引に、何度も切り返してUターン。やっと元の広い道まで戻り、今度は逆方向にしばらく走っていると、突然、院内《いんない》という町に出ることができた。院内は確か、石橋で有名なところだ。

途中にあった、道の駅に立ち寄り、マップを手に入れ見ていると、耶馬渓に抜ける道があることを知った。そこで、安心院は今度の機会にと諦め、耶馬渓を目指すことに変更した。

考えてみれば、耶馬渓というところは、知っているようで知らない。中津へ行くときに何度か通ったこと

まるで、巨人が林の中に立っているような、特異な風景。夏の日差しが、射すような昼下がり

はあるが、ここを目指して一度も行ったことがない。紅葉がきれいで、青の洞門があることくらいは知っているが、視覚でじっくり堪能したことは皆無だ。今初めて、目的地としての耶馬溪に向かっている。

　峠らしき山を越えると、独特の、不思議な形の岩がむき出しになった景色が目に入ってきた。まるで、杉木立の向こうに、大きな人が立っているような風景に、しばし見とれた。そして、もう自分が耶馬溪に入っていることを実感した。

　最初の目的地だった安心院の草原の柔らかい景色と対照的に、ごつごつとした岩肌の風景が、あちこちに見える。考えてみれば、こういう特異な風景を一度も絵にしたことがなかった。岩肌というものが、好きな水景色から、一番遠い風景のようで、なんとなく敬遠していたことは事実だ。

　しかし、じっとその不思議な山容を見ているうちに、周囲の緑の柔らかな佇まいと反対の、硬い景色が、しっかり溶け込み、両者の融合が面白いと思い、描いてみることにした。

小さな石橋のある風景

34 杉山《佐賀市杉山》夏

佐賀市と合併する前は、富士町杉山という地名だった。古湯温泉から七山へ至る県道の中間地点にある杉山は、戸数もわずかばかりの小さな集落だ。ここから西に延びる狭い山道をたどれば、天山方向へも抜けられる。

この杉山は、私が今までに釣ったヤマメの中で、最大記録を出した、嘉瀬川の支流、大串川の源流域だ。川幅はせいぜい広いところでも二メートルといったところで、川には丈の高い草が茂り、川を歩く先々で、黒いのやら、縞模様の大きな蛇を頻繁に見る。決して気持ちのいいところとは言い難い。しかし、それだけ蛇を見かけるということは、人が来ていない証拠だから、怖いながらも、釣りたさ一心で、ずいぶん通ったものだ。

標高が幾分高いせいか、他所ではあまり見られなくなった、カワラナデシコやツリガネニンジン、ヤブハッカ、ユウスゲが自生する希少な場所だ。かつては杉山石という鉱石が取れていたという話も聞いたことがあるが、詳しいことはわからない。

ところが、十五年位前に九州全土を襲った大型台風で、一夜にして川の様子が一変し、それ以来、あれほど釣れていた魚が、ぴたりと釣れなくなってから、ほとんど足を運ばなくなった。時は移り、いつの間にか川は草に埋もれ、辛うじて見える流れは、当時より随分細くなっていた。

そんな、時の流れの中で変わらないのは、昔から小さな川をまたいでいる、古い石橋だけだった。誰の踏み跡すら無く、静かに草の陰から、長い時を刻んでいた。

ツリガネニンジン

小さな石橋

土砂崩れでUターン

35 氷川
《熊本県八代市泉》夏

泉の風景

苔むした石橋

本当は、泉村（現、八代市泉）から山越えをして、せんだん轟滝《とどろきのたき》を経由して、秘境五家荘《ごかのしょう》の核心部へ行くつもりだった。数日前の梅雨の長雨で、氷川の水量は、いつもより多かった。しかし、ひどい濁りは見えなかったので、山に散々降った雨も一段落しているように思えた。

泉の柿迫あたりから五家荘へ向かうと、道のあちこちに「落石注意」の看板を目にするようになる。いつも思うことだが、どう注意すればよいのか解らない標識だ。なるべく足早に通り過ぎたいが、このあたりの道は狭く、見通しが悪いから、闇雲にスピードを上げるわけにもいかないし、かといって、他にいくつかある五家荘への道も、似たり寄ったりで、時間的に考えても、ここを通るのが最短だから仕方が無い。

いつもなら、たまにすれ違う車もあるのに、今日はどうしたことか一台の車にも出会わない。バックミラーを見ても後続車も無く、深い山間に一人ぼっちが心細く感じていた時突然、前方に工事関係者らしい人が、声を上げながら近づいてきた。

つい先ほど、この少し先で小さな崖崩れがあり、これより先は進まないほうが良いとのことだった。「まだ崩れるかもしれない」と言われているのに、何がなんでもいく必要もあるまいと、そこでUターン。つい

平地はほとんどが、茶畑だった

先ほどという言葉が、耳から離れない。車が峠のすぐ近くまで来ていたため、引き返す道のりも長く、もしこの先でも崖崩れがあっていたら、上にも下にも行けない最悪の事態となるということを考えると、アクセル踏む足に力が入るのも、やむを得ない。冷々しながら無事、泉の役場あたりまで、戻ることができた。

　しかし、突然のアクシデントに目的を失ってしまった。五家荘の樅木《もみき》あたりの深い森に点在する集落を、カメラに収めるつもりでやってきたが、土砂崩れなら、別ルートだって怪しい限りだから、ここはきっぱり樅木は、諦めることとした。運がよければ、ヤマメ料理や鹿刺しでも、という腹積もりだったが、それも叶わず、とりあえず土砂崩れの心配がなさそうな泉周辺を、ぶらぶらすることになった。

今から十年ほど前までは、ヤマメを求めて足繁く通っていたところだから、このあたりのことは、よく知っている。しかし、毎年二十回くらい通っていたのに、風景は、あまり意識したことが無かった。もっぱら氷川の流れに目をやるばかりで、小滝や淵の、川の様子は頭の中にしっかり残っているのに、それを取り巻く景色は、見ていたようで、見ていなかった。

時間もまだ早いし、もうひとつの五家荘ルートである子別峠《こべっとう》という、なんとも悲しい名前の方向へ、ちょっと車を走らせることにした。途中の栗木あたりまでは、土砂崩れの心配も無い開けた谷間だから、ゆっくり、景色を楽しみながら走る。道に沿って流れている川は、長雨の影響か、いささかの濁りはあるものの、川底がうっすら見えるし、増水というほどでもなかった。釣りには、いい水だ。せめて竿だけでもあったらなあ、と、悔やまれることしきりだ。

泉も、五家荘の一つということもあって、核心部ほどの辺境さは無いけれど、山は深く、段々に上る茶畑が、僅かばかりの平地に作られていた。苔むした石橋や山峡の風景は、見ているだけでも、ここの暮らしの大変さがわかる。しばらく物見遊山をして、名物の「味噌豆腐」を買いに立ち寄り、ここをあとにする頃には、すっかり昼をすぎていた。

ヤマメ定食。これで千円は安い。「う〜、食った食ったあ！」というボリュームだった

帰り際に見つけた、ヤマメ料理の店に入って、ちょっと遅い昼食となった。値段の割には、品数が多く、お腹いっぱいになった。うん、満足。

樅木は、秋に出直すことに決めて、満腹で眠くなった目をこすりながら、ゆっくり帰路についた。

野の花を愛でる

秋

サルナシ

ヤマメの解禁も終わりに近づいていた、九月末のことだった。

　釣行仲間から、ある川沿いに、緑色の小さな柿のような実を見つけたから、名前を知っていたら教えてと言われ、その川沿いを源流に近いところまで、一緒に歩いていった。

　彼が、これ、と指差す先には、確かに緑色の実が、鈴なりにぶら下がっていた。近づいてよく見て、驚い

マルバハギ

た。

「サルナシだ！」

まさか、福岡からこんなに近いところで、この実に出会えるとは。

「サルナシ、サルナシ！　採ろう、採ろう！」

興奮が治まらない。

ところが、採れそうで採れない、川の対岸のヤブツバキに、その蔓を巻きつかせていた。一生懸命に手を伸ばすが、届かない。対岸に渡ろうにも、水から、自分が立っているところまでが、垂直に三メートルほどの高さで、とても飛び降りて沢を渡る気にならない。辺りの林を探して、ちょうど手ごろな長さの枯れ枝を見つけ、それを使って、やっと幾つかの実を採ることに成功した。

かつて長野に旅行して、泊まった宿で、食後のデザートとして出されて、初めて口に入れたときの、あの甘酸っぱい味にすっかり病みつきになり、福岡周辺の野山を探したが、なかなか見つけられずにいた、私

サワギキョウ

カワラナデシコ

にとって、幻の、山の恵みだった。

割ると、小型のキウイそのもので、近頃では、たまに、店頭に並ぶこともあるが、その当時は、あまり一般に知られた実ではなかった。その木の実が、今、自分の手の中にある。ちょっと発酵したような香りは、食べ頃のサインだ。皮ごと口に入れる。洋ナシのような甘みと酸味。

「うまい」

オミナエシ

お互いの顔が自然とほころぶ。

長年探し歩いて、その味すら忘れかけていたときに出会った味は、格別美味しかった。魚は満足に釣れない、今年最後の釣行だったけれど、最後に、ありがたい恵みを口にできて、満足のいくものとして終わった。余韻を楽しむ帰りの窓外には、オミナエシやハギの花たちが、秋風に揺れていた。

カメバヒキオコシ

恒例、ムカゴ飯の会

秋

ムカゴ

　夏も、お盆を過ぎると、それまで耳を劈《つんざ》くように鳴いていたクマゼミの声も消え、ツクツクボウシへと変わる。その声を聞くと「ああ、夏も終わったなあ」という、子供の頃に夏休みが終わる前のさびしさに似た感情に囚われる。なんとなく心残りで、諦めがつかない、いやな季節だ。

　ところが九月に入り、畦《あぜ》にちらほら彼岸花の姿を見る頃には、すっかり夏への想いも決着がついて、心は秋の実りへと向かうようになっている。

　私が主宰する水彩教室は「むかご塾」という。私が単に、語呂がいいから付けただけで、あまり深い意味はない。しか

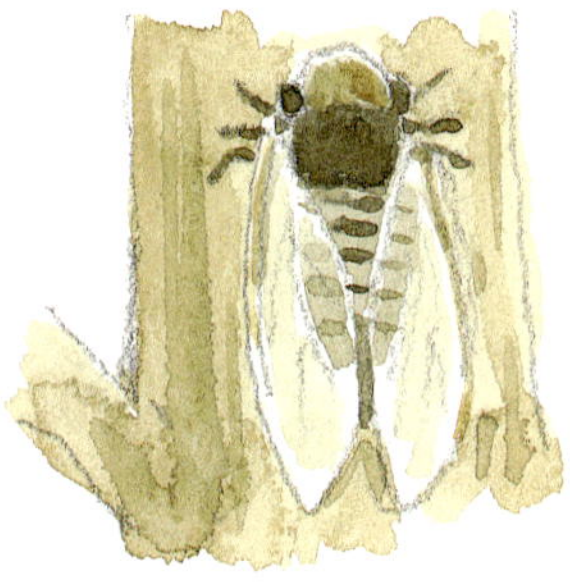

し、十月の教室の時には、必ず山の近くで、ムカゴ飯と里芋たっぷりの味噌汁を、生徒のみんながスケッチに興じる傍らで、ダッヂオーブンにカセットコンロを持ち出して、先生自ら、せっせと作る姿が見られることとなる。運がよければ、夏の間に釣って、焼き枯らしておいたヤマメも一緒に炊き込み、より美味しいご飯となる。

「ご飯ができたから、絵を描くこと、やめ～！」ご飯が冷えるくらいなら、たとえ描き掛けだろうと、止めてもらっても構わない。この日の主役は、ムカゴ飯なのだから。

ムカゴとは、ヤマノイモ（ヤマイモ）の蔓にできる種芽のことである。その葉が黄色く色付くほどに、ムカゴも美味しくなる。根を掘れば自然薯《じねんじょ》も採れるが、それには、相当の体力と技術が要る。しかし、ムカゴならば、誰でも容易に採集できる山菜だから、この時期は、その気になれば、毎日でも「ムカゴ飯」が食べられる。

教室のみんなとご飯を頬張り、歓談する、秋恒例行事。うちは、先生と生徒が食べ物でつながっている、他所ではあまり見られない、特異な教室なのだ。

弦書房

出版案内

2023年 春

『小さきものの近代 1 』より
絵・中村賢次

弦書房

〒810-0041　福岡市中央区大名2-2-43-301
電話　092(726)9885　FAX　092(726)9886
URL　http://genshobo.com/　E-mail　books@genshobo.com

◆表示価格はすべて税別です
◆送料無料（ただし、1000円未満の場合は送料 250円を申し受けます）
◆図書目録請求呈

新刊

【新装版】江戸という幻景

渡辺京二　江戸期の日本人が残した記録・日記・紀行文から浮かび上がる、近代が滅ぼした江戸文明の幻景。『逝きし世の面影』の姉妹版。解説／三浦小太郎　1800円

明治四年　久留米藩難事件

浦辺登　明治新政府によって闇に葬られた反政府事件の全貌に迫る◆戊辰戦争後、第二維新を叫ぶ士族草莽らの拠点となった〈久留米藩〉に光をあてる。　2000円

福祉の起原

安立清史　戦争と福祉――そのはざまで、新たな「起原」は何度もやってくる。その可能性をつかみ直すために、何が必要なのか、新たな指針を示す一冊。　1950円

近現代史

◆熊本日日新聞連載「小さきものの近代」②は12月刊

小さきものの近代 1

渡辺京二最期の本格長編　維新革命以後、鮮やかに浮かびあがる名もなき人々の壮大な物語。3000円

肩書のない人生

渡辺京二発言集2

話題の本

生き直す　免田栄という軌跡【2刷】

高峰武　獄中34年、再審無罪釈放後38年、人として生き直した稀有な95年の生涯をたどる。釈放後の免田氏が真に求めたものは何か。冤罪事件はなぜくり返されるのか。

◆第44回熊日出版文化賞ジャーナリズム賞受賞　2000円

眼の人　野見山暁治が語る

北里晋　筑豊での少年時代、戦争体験…102歳現役で制作を続ける画家、野見山暁治が88歳までの人生を自ら語る。日本洋画史のリアルな記録。　2000円

アルメイダ神父とその時代

玉木譲　ザビエルと同時代を生き、医師、宣教師、商人等さまざまな顔を持つ男の波乱の生涯をたどる。

◆第44回熊日出版文化賞受賞　2700円

◆承久の乱（一二二一）後、北条泰時に影響を与えた高僧の生涯

明恵《みょうえ》 《栂尾高山寺秘話》 上 下

1173-1232

高瀬千図　すべての人々の心の中にある生きる叡智を覚醒させる＝意識の変容を唱え続けた鎌倉初期の高僧明恵の生涯と思想の核心に迫る。　各2200円

◆渡辺京二の本

を初めて開示。 2000円

もうひとつのこの世
《石牟礼道子の宇宙》 【重版4刷】

石牟礼文学の豊かさときわだつ特異性はどこにあるのか。その世界を独自の視点で解きあかす。 2200円

預言の哀しみ
《石牟礼道子の宇宙 Ⅱ》

遺された預言とは何か。「沖宮」「春の海」「椿の海の記」「十六夜橋」の世界を解読する充実の一冊。 1900円

◆石牟礼道子の本◆

石牟礼道子全歌集 海と空のあいだに

解説・前山光則 一九四三～二〇一五年に詠まれた未発表短歌を含む六七〇余首を集成。 2600円

石牟礼道子〈句・画〉集 色のない虹

解説・岩岡中正 未発表を含む52句。句作とほぼ同じときに描いた15点の絵（水彩画と鉛筆画）も収録。 1900円

【新装版】ヤポネシアの海辺から

対談 島尾ミホ・石牟礼道子 南島の豊かな世界を海辺育ちのふたりが静かに深く語り合う。 2000円

〈水俣病〉事件の発生・拡大は防止できた

有馬澄雄、内田信 公式確認（一九五六）から5年後（一九六二）に、チッソは原因物質をつきとめていた。 2000円

死民と日常 私の水俣病闘争

渡辺京二 著者初の水俣病闘争論集。市民運動とは一線を画した〈闘争〉の本質を語る注目の一冊。 2300円

8のテーマで読む水俣病 【2刷】

高峰武 水俣病と向き合って生きている人たちの声に学ぶ、これから知りたい人のための入門書。学びの手がかりを「8のテーマ」で語る。 2000円

◎FUKUOKA U ブックレット◎

⑨かくれキリシタンとは何か
オラショを巡る旅

中園成生 四〇〇年間変わらなかった、現在も続く信仰の真の姿。 【3刷】680円

㉑日本の映画作家と中国
小津・溝口・黒澤から宮崎駿・北野武・岩井俊二・是枝裕和まで

劉文兵 日本映画は中国でどのように愛されたか。 900円

㉒中国はどこへ向かうのか
国際関係から読み解く

毛里和子・編者 不可解な中国と、日本はどう対峙していくのか。 800円

㉓アジア経済はどこに向かうか
コロナ危機と米中対立の中で

末廣昭・伊藤亜聖 コロナ禍によりどのような影響を受けたのか。 800円

近代化遺産シリーズ

肥薩線の近代化遺産
熊本産業遺産研究会編　鉄道遺産と沿線の産業遺産を集成。二〇二〇年七月豪雨で失った球磨川第一橋梁の雄姿を留める。　2100円

産業遺産巡礼《日本編》
市原猛志　全国津々浦々20年におよぶ調査の中から、選りすぐりの212か所を掲載。写真六〇〇点以上。その遺産はなぜそこにあるのか。　2200円

九州遺産《近現代遺産編101》
砂田光紀
世界遺産「明治日本の産業革命遺産」の九州内の主要な遺産群を収録。八幡製鐵所、三池炭鉱、集成館、軍艦島、三菱長崎造船所など101施設を紹介。【好評10刷】　2000円

熊本の近代化遺産 上 下
熊本産業遺産研究会・熊本まちなみトラスト
熊本県下の遺産を全2巻で紹介。世界遺産推薦の「三角港」「万田坑」を含む貴重な遺産を収録。　各1900円

長崎橋物語《石橋から戦災復興橋まで》
岡林隆敏　長崎の町にある橋の歴史的変遷から、日本の橋四五〇年の歴史が見えてくる。　2000円

海外事情

セルタンとリトラル ブラジルの10年
三砂ちづる　いのちの誕生と死の受容、病との向き合い方、独特の宗教観など公衆衛生学者が感得した世界を活写。　2000円

米旅・麺旅のベトナム
木村聡　30年以上取材し続けた、写真家による記録集。もうひとつの瑞穂の国、箸の国は、懐かしさと驚きにあふれていた。　1800円

イタリアの街角から スローシティを歩く
陣内秀信　イタリアの建築史、都市史の研究家として活躍する著者が、都市の魅力を再発見。甦る都市の秘密に迫る。【3刷】　2100円

近刊
＊タイトルは刊行時に変わることがあります

読んだ、知った、考えた 2016〜2022
河谷史夫【4月刊】

食べて祀って《小さな村の供え物》
坂本桃子【6月刊】

河上肇と作田荘一《甦る満洲建国大学の精神》
堀雅昭【7月刊】

◆各種出版承ります
歴史書、画文集、句歌集、詩集、随筆集など様々な分野の本作りを行っています。ぜひお気軽にご連絡ください。
☎092-726-9885
e-mail books@genshobo.com

迷いの交差点

36 瀬の本
《大分県九重町》 秋

　朝起きて、天気はさほどぱっとしないけれど、特に何の予定もないから、無目的にどこかへ行ってみようと思った。車のガソリン残量を見て、その範囲で往復できそうな所まで、行くことにした。思っていた以上に残量があるし、比較的燃費のいい車だから、往復四〇〇キロは楽に行けそうだ。ただ、何が何でも使い切る必要も無いので、とりあえず日田あたりまで行ってみることに決め、自宅を出た。

　何かを見たいわけでも、しっかりとした目的を持っているわけではない。なんとなくブラブラしたいだけだ。曇天の秋空の下を南下する。追い越し始めると、限がない高速道路は疲れる。しかし今日は、前方にも車は無く、自分のペースで走れるから楽だ。時折、すごいスピードで追い越していく車もあるけれど、私はそんなに急ぐ必要もない。

　日田インターを降りてすぐのT字路で、右左折に迷う。しかし、いつもの習慣からか、右車線に入ってしまったので、右折して小国まで行くことにした。

　天気は相変わらず重く、風もない。無風で揺れない木立。目に入る、周囲の風景が、静止画のように止まって見える。

　大山から杖立《つえたて》、そして小国に到着。ここまで来ても、行き先が決まらない。この道をまっすぐ行けば阿蘇、左に行けば黒川から瀬の本。

　この天気のまま阿蘇まで長駆して、途中でもし雨にでもなったら、帰りがいやらしいから、阿蘇はやめて瀬の本へ進むことに決めた。上空に飛ぶ飛行機のはるか上に、分厚い雲がある。晴れる気配はない代わりに、すぐに降りそうでもない。曇っている割には、明るい。

　やがて瀬の本の交差点に差し掛かり、また迷う。後

まるで時が止まったように風景が動かない、瀬の本高原の秋

ろの車のクラクションに促されて、慌てて直進。途中の高台から、遠く祖母や阿蘇五岳が、青い輪郭を見せて、いつもより近く、はっきりと見える。このまま真直ぐ行けば竹田。しかし、この天気に竹田は寂しい。Uターン。

瀬の本交差点に戻り、今度は左折して、なだらかな草原の中を進む。周囲は見渡す限りのススキの原。そよりとも風に揺れず、深秋の風景を見せている。ここも寂しいなあ。また、Uターン。

そのまま、瀬の本交差点を直進して、牧の戸峠へ上る。峠のパーキングは、天気が好ければ、平日でもこの時間は、登山姿の中高年で溢れているが、今日はほとんど人影もなく、静まり返っていた。せっかくの九重の紅葉も、この天気で枯れたように見える。ここも寂しい。しかし、Uターンはせずに、飯田高原へ下りる。

結局、目的地は見つからず、先ほどからパラパラ降り出した雨の中を、帰ることにした。快適でもなく、ただ淡々と時間を過ごした一日だった。

町並みと昭和

太刀洗

長く、都市景観や建築のイラストを描いている。その数千枚に上る絵は、今もその数を更新中だ。

町並みや建物を描くことは、嫌いではない。特に、「昭和」を思い出させてくれるような構造物には、自然と目が行くし、いつも持ち歩いているデジカメに収める習慣もある。

普段描いている風景画と、これら建築物には、想いに若干の違いがある。のどかな田園風景や水辺の情景には、それを目にした自分の想いを加味したイメージに沿って描いているが、町並みや建物に対しては、絵画というよりは「記録」という想いのほうが強い。町の風景には、在るものが、いつの間にか無くなってしまう危機感を、いつも持っている。それを、記録として、画面に描く。

記録だけなら、写真のほうが正確かもしれない、しかし、私はそこに、自分の想いを加えて、描きたいのだ。描く対象に向き合って、視点を上げたり下げたり、近づいたり離れたり、目に入る情報を整理し、絵画として記録する。

心残りの町並みを描く

37 田主丸
《福岡県久留米市草野》春

本当の目的は、田主丸《たぬしまる》から浮羽あたりの、果樹園と民家の風景だった。耳納《みのう》連山々麓には、クリ、カキ、ナシ、ブドウなどの果樹園が、山肌に所狭しと広がっている。

本来の樹姿から、枝打ちされ、収穫のために形を変えられた樹木というものは、描き手の側から言えば、描きにくい対象のひとつだ。果樹園に限らず、人の手が加わったものは、規則性が強く、あまり描きたくないものである。

ただ、その不得手な風景を描こうと思い、ここまで来たのだから、色々景色を吟味し、幾つかの候補を見つけ、とりあえず、カメラにだけは収めた。しかし、実際に風景に向き合い、色々想いを巡らすが、中々頭の中にイメージがまとまらず困った。

果樹の規則的な樹姿が、どうしても気に入らない。不得手な風景に、逃げ腰になっている自分が判る。こういうとき私は、何が何でも描いてやろうと燃え上がるタイプではないので、半ば「や〜めた！」という気持ちが、すでに頭の中を支配している。チャレンジ意識を出して描いて、今まで巧くいったことが無い。

好きでもないものを、我慢して描くのは仕事の時くらいで、今日のように、個展に出品する目的で風景を探しに来たときには、やはり好きな場所を描くほうが、自分にとっても楽だし、描けないものを克服できなくても、別に構わない。そもそも果樹園を描こうかなと思ったこと自体、気紛れな性分のひとつに過ぎず、目指す前から弱腰だから、こういう結果も、さほど意外でもない。

それより来るときに、なんとなく目に入った、草野の町並みに心残りがある。

草野の家並み。黄ばんだ色合いと、長い影で、夕暮れの前の一時を表現した

「この風景には、ちょっと日が傾いて、長い影が通りに差す頃がいいなあ」と、目にした途端に、イメージが、すでに出来上がっていたのだ。来るときに見た草野の完成画は、頭の中にしっかり納まっている。少なくとも、果樹園の宙ぶらりんなイメージより、しっかりとしたものがある。今、あれほど思い悩んだ浮羽の果樹園は、さっさと捨てて、既に草野を歩いている。

巧く描き上げられる自信があるから、抜かりなく観察し、より強いイメージを頭の中に組み込んだ。やはり、好きなものは、気持ちも楽だなあ！

ガタゴト揺られて列車旅

38 添田
《福岡県ＪＲ日田彦山線》春

日頃、移動手段の多くが車のため、列車というものは、わざわざ乗らない限り、普段の生活ではあまり必要としない。

でも、鉄道は好きだ。短い距離を、短時間でもいいから、のんびり揺られていたいという気持ちが募って、まず時刻表を買った。

国鉄と呼ばれていた頃は、地図を埋め尽くすほど走っていた鉄道も、ＪＲに移行して、廃止になったり、長距離の普通列車が減少したりで、行きたいところにレールがない結果をもたらしている。

そんな限られた路線の中から、いくつかの候補をあげて、考えた結果、日田彦山線の今山から添田までの往復が、時間と距離も手ごろという結果となった。

今山駅（大分県日田市）

筑前岩屋駅

列車に乗るために、車で片道二時間もかけて、駅まで行くというのも、変な話だが、博多から乗り継ぎをしていくと、思う時刻までに帰れないほど、本数も連絡も悪いから、仕方がない。

ちょっと余裕を持って家を出たから、列車の時刻より、ずいぶん早く今山に着いてしまった。

プラットホームが1本の無人駅。駅前らしい光景もなく、周囲に疎らに民家が点在し、開けた景色に佇んでいる。

桜の季節だが、日差しは強い。太陽から隠れる場所もないので、辺りをちょっと散策。単線だし、めったに列車も通らないから、線路内を歩く。

子供の頃に「線路に入ったらだめ！」と厳しく言われてきたからか、線路内を歩くことに、罪悪感がある。だから、変にキョロキョロして、ちょっと

岩屋の棚田

入っては、すぐに出るを繰り返す。レールに耳をあてても、何の音も聞こえない。線路脇に伸びる背丈の高い菜の花や、駅前に咲く、桜がきれいだ。

ほどなく、列車が入ってきた。ワンマンカーだ。乗客は疎らにしかいない。整理券を取って、進行方向左側に座り、出発。

ガタンゴトンと、ローカル線の音色がうれしい。窓外には、のどかな風景が流れていく。山のあちこちには、赤い葉を見せるヤマザクラが浮かび上がっている。きれい。

列車はだんだんと高度を上げ、風景を見下ろすようになってきた。筑前岩屋近くの石積みの棚田が見える。

途中のいくつかの駅からも、乗る人はなく、車中を見渡せば、いつの間にか自分ひとりが、取り残されたようにいるだけ。貸し切りだ。なんか嬉しい。

のどかな山間の風景は、岩屋トンネルを抜けたところで、高度を下げ、筑豊の風景へと変わっていく。ちょっと町で、ちょっと田舎。

やがて、目的地の添田に到着。二両編成の列車から降りるのは私だけ。片道四〇分の鈍行列車旅は、とりあえずここまで。

添田の駅前には、タクシーが何台か止まっているだけで、誰もいない。添田という町は初めて。どこに何

添田駅（スケッチ）

があるかも知らないし、調べてもいない。しかも、とんぼ返りの列車旅だから、たとえ何かがあったにしても、どこかへ行くゆとりもない。

帰りまでの三〇分という時間が、実に中途半端で、ただ、潰すだけ。でも、初めての町にせっかく来たのだからと、ちょっとだけ、駅前をぶらついてみたが、民家と商店があるくらいで、とりわけ、興味を引くものもない。しかも、いくら平日の昼間とはいえ、こんなに人がいないというのも、どうしたことか。

駅舎に隣接する地元の生産品販売所に入り、ソフトクリームを買った。四月とは思えぬ陽気。天気が好いだけでも助かった。もし、雨だったら、たった三〇分が、相当長い退屈な時間となっていたに違いない。

帰りも、進行方向左側に座り、来た時見たのと反対側の風景を楽しむ。車内は、往きに比べると、ちらほら学生の姿が混ざり、座席はそこそこ埋まっている。

何もかもが新鮮で楽しかった。今山に着いて、そこからまた、二時間かけて家路につくことだけが、ちょっとしんどい、列車旅だった。

醤油の薫りに誘われて

39 唐津《佐賀県唐津市》春

仕事の依頼に容赦はない。私が得意であろうと、無かろうと、あらゆるジャンルの依頼が来る。仕事が来るたびに、「不得意だから」と言って断っていては、顧客は全くいなくなってしまう。だから、どんな物でも描けるように、日頃からの資料集めや、観察は怠らない。

しかし、何度受けても、頭を悩ますものが、竹と松だ。日頃頻繁に目にしていながら、なぜかこの二つには、目が「いや、いや」してしまう。じっくり観察してその特徴を毎回頭に入れても、いつの間にか流れ出ている。そして、仕事のたびに、ため息ばかり。

特に松は、樹木としてもあまり好きではないし、変な固定概念を持っているため、何も見ずにイメージで描くと、いつも歌舞伎の松みたいな、装飾的なものに仕上がってしまう。これじゃだめだと判っていながら、見ないと描けないもののひとつだ。その、呪縛《じゅばく》からなかなか逃れられない。

だから、悔しいから、松を描いてやろうと思い、近くの生の松原へ出かけた。ところが、松林に入ってすぐに「まむし注意」という、いや～な看板を目にして、大の蛇嫌いの私は、あえなくUターン。

そこで、ちょっと遠いが、虹ノ松原まで行くことに決めた。生の松原に比べ、松林の規模もさることながら、松自体も大きく、林も開けて明るい。かつては、生の松原にも大きな松が立っていたが、松喰い虫の被害で、大半の巨木は切り倒されて、いまは、新たに松を育苗している。

また、虹ノ松原でも、名物の松露も、木が大きくなるにつれて、林自体の風通しが良くなり、乾燥や乱獲でその姿は激減していると聞く。香りの良いキノコだが、惜しい話だ。

松ボックリ

虹ノ松原風景

虹ノ松原の中ほどに車を止め、とりあえず気に入る風景を探すことにした。右も左も松ばかりの風景だが、どうせ描くなら、端正なものより、形の面白いほうが良いと思い、探し、一ヶ所見つけた。

でも、まだすぐには描かない。じっくり観察して、枝の出方や、葉の茂り、樹肌の模様、根っこ、林床の土や草など、なにを描いて、なにを省けば、松林が生きてくるかを何度も考え、頭の中に、イメージを膨らませていく。

そうするうちに、頭の中に、完成された絵が出来上がった。これさえできれば、完成したも等しい。デジカメで何枚かの写真を撮って、作業を終えた。

せっかくここまできたのだから、唐津まで行って、有名なうなぎでも食べて帰ろうと思い、車を走らせた。ところが、数年ぶりに行こうとする、うろ覚えのうなぎ屋が、どうしても思い出せず、探し回るうちに、くたびれてしまって、もう、何でもいいやと諦め、有料駐車場に車を入れて、ドアをあけた途端に、どこから

宮島醤油。この工場の周囲には、醤油の薫りが漂い、空腹の身には、刺激が強すぎる

ともなく、芳香が漂ってきた。

濃いカツオだしのような薫り。空腹の身には、なんという刺激的な薫りだろう。誘われるがままに、匂いの在り処を探して、その正体が判明。〝宮島醤油〟と書かれた、塀の向こうからだった。この薫りをおかずにするだけで、ご飯が食べられそうな、「日本人でよかった」をつくづく噛み締める瞬間だった。

しかし、この匂いで、空腹感は最高潮となり、先ほどまで、観察していた松林も、あとからゆっくり回ろうと思っている、唐津城あたりのことも、どうでもよくなるほど、この匂いに勝る満腹感を求めて徘徊する、怪しい人となる。

唐津城遠望

す巻き目当てに門司港まで

プラットホームより見た、門司港駅舎

40 門司港
《福岡県北九州市》
夏

す巻きの蒲鉾

門司港のアーケード

一〇歳の頃まで、北九州市に隣接する苅田という町に住んでいた。父は国鉄職員で、勤務先が門司にあった。また、隣家に住む叔父も門司港の税関勤めだったため、門司や門司港には、二人を訪ねてよく通ったものだ。

その頃の門司港には、どことなく垢抜けた舶来の雰囲気があった。今ではすっかり観光地化されてしまった、古い駅舎や、レトロな洋館が立ち並ぶ町並みも、もっと雑然としていたし、なにより、九州の北の玄関という言葉通りに、対岸の本州に対して「どうだ！九州は」と、胸を張れる活気があった。

下関の水族館や布刈《めかり》公園の帰りに、門司港駅のプラットホームの売店に売られている、す巻きの蒲鉾を父が買い、車内で二人ぱくついたことが、強く思い出として残っている。そんな、懐かしい思い出の詰まった蒲鉾を食べたくなって、車で高速飛ばして、わざわざ門司港まで、やってきた。

とりあえず、古い駅舎やレトロ散策より、まずは蒲鉾である。日頃、それほど蒲鉾に固執することはない。大好きな食べ物かといえば、そうでもない。しかし、プラットホームの蒲鉾には、四〇年の歴史が詰まっているのだ。

入場券を買い、プラットホームを目指す。急ぐ必要もないのに、心が焦る。

「当時のように、藁《わら》を巻かれたものまでは望むまい。プラスチックで構わない」逸《はや》る心に言い聞かせて、目指す。……売店がない。どのプラットホームにも売店がない。行きの車の中で、懐かしい友達に会えるような喜びに、心躍らせていた自分が崩れていく。

第一目的を失い、あえなく撃沈……トホホ。気を取り直して、レトロを横目に、商店街を目指す。「たしか、この辺りに、デパートがあったはずだが……」しかし、その建物は、マンションへと姿を変えていた。

思えば、それすら知らないほど前から、ここに来ていないのだと気付く。

何かを、思い出そうとするが、思い出に具体性がない。あるのは、蒲鉾の姿だけ。

そういえば中学生の頃にも、整体治療で一時期、博多から門司港まで通っていたことがある。その時も、帰りの列車で、蒲鉾をぱくついていた。ゆで卵、冷凍みかんに並ぶ、私にとってのお供だった。この蒲鉾を口に入れた途端、煩わしい通院が、旅に変わる、私にとって大切な思い出なのだ。

門司駅北側の風景

かき氷求めて坂道歩き

41 長崎
《長崎市》 夏

大浦天主堂（ラフスケッチ）

長崎市内で、あまり目にしないものは、自転車とそれに乗っている人の姿。これだけ坂道が多いと、その理由も頷ける。

着いてすぐに皿うどんを食べたのが間違いだった。膨れたお腹に坂は堪える。しかも、射すような日差し。それでも、上って見下ろしたい気持ちに、足は坂を進む。

月並みだが、とりあえず大浦天主堂からグラバー園へ向かうことにし

オランダ坂からの風景（ラフスケッチ）

た。坂の途中に軒を並べる土産物屋の軒先にさがる「氷」の旗が心を動かすが、我慢して石畳を上へ上へと。

グラバー園入り口の階段を見上げてちょっと躊躇。しかし見下ろしたい欲求は強い。汗が吹き出てくる。いつも持参のハンカチ代わりの手ぬぐいは、絞るほど。入園料を払い、長いエスカレーターに何度か乗り換え、やっと見下ろせるところに着いた。

対岸の稲佐山や造船所が見える。思ったほどの日陰がなく、暑い。

空は、コバルトブルーの、濃い夏空。蟬は、耳元で鳴いているような、大合唱。でも、気持ちいい。時折吹き抜ける風が、涼しい。

考えてみれば、幾度となく来ている長崎だけれど、グラバー園に立つのは、学生の頃に友人と来て以来のこと。月並みな観光地と思いつつも、私には、それほど当たり前の場所でもなかった。

絵はがきに見るグラバー邸は、まさに、そのもの。ここを描けば、註釈つけずに誰もが長崎と、わかってくれる。しかし、ただ建物だけを描いても面白くないので、園を出て付近の坂道を歩いてみた。

恐ろしいような急な坂道を登ると、お気に入りの風景を発見。じっと見ているだけで、頭の中にイメージが創られていく。

グラバー邸（ラフスケッチ）

「あの木は少し低くしよう。遠景はぼんやり霞ませて、近景の輪郭を強くしよう。そのほうが、夏らしく見える。道に落ちる木の影をしっかりいれよう」
と、こういうことは、その場を見た気持ちで決める。頭の中に、完成された絵が形となって、できあがる。この想いを、頭の引き出しにしまって、確認程度の簡単なスケッチと、デジカメで1枚。これで、この風景はできたに等しい。

気持ちは元の観光客に戻り、来るときに見た「氷」のお店に直行。たっぷり汗をかいた後なので、氷の冷たさが、気持ちいい。

それから、大浦天主堂の足元から路地に入り、お墓や狭い階段を上り下りして、オランダ坂を目指す。

このオランダ坂は、高校生の頃に夏休みになると必ず、所属していた美術部の顧問で、画家の故寺田健一郎氏と一緒に、オランダ坂ユースホステルを常宿として訪れていた。ヘビースモーカーの師の缶ピース係をやっていた。懐かしい思い出の場所だが、あまり褒められた記憶はない。

先ほど食べたかき氷は、すでに汗となって流れてしまった。

オランダ坂と活水女学院の赤い屋根。どことなく垢抜けた、西洋を感じる坂道。しかし、心地良い西洋は、整備が行き届いているせいか、すっきりしすぎて、ちょっと期待はずれの観も、なくはない。

オランダ坂には、雨と紫陽花。これが私の、坂への強い想いだが、今日のようなギラギラ暑い太陽には、景色より「かき氷」へと、心は傾きがちだ。

グラバー園近くの坂道のラフスケッチ。画面中央に説明の難しい水飲みがあったが、仕上げでは消している。こういう説明が難しく不可解な形のものは、描きたい主題をぼやかしてしまうので、消すことにした。絵の具が乾くと、色が白けてくる。強く入れたつもりでも、乾くと薄くなった木の影。「強く」という註釈をいれている。こういうことは、乾いて初めて気付く（完成画は次頁）

長崎市内を走る電車は、移動にもってこい。均一料金だし、優先的に進むので、不慣れな道を車で行くより楽だ。

築町《つきまち》で電車を降りて、長いアーケードをしばし散策。直射日光が当たらないので、幾分涼しくていいが、ここでも目に入るのは、かき氷の暖簾《のれん》ばかりで、かき氷行脚のように、無意識で歩いていると、つい、フラフラと足が向いてしまう。

意を決してアーケードを抜けて、めがね橋を目指す。この辺りは、川沿いにさえ歩けば、大した坂道もなく、多くの石橋が連なる風景は、絵の題材には良い所だが、いかんせんこの暑さに加え、日陰が少ないために、カメラに収めただけで終わった。

シトシト雨でも気分は鈍るが、あまり暑いというのも、困ったものだ。

画面上に、強い影を表現すれば、夏の炎天下を感じさせる絵になるだろう。しかし、頭の中の絵が、この暑さで、うまくまとまらない。

イメージのあちこちに蜃気楼のように、出ては消えるかき氷に、気持ちが乱れる、長崎の一日だった。

坂道の完成画

昭和の香り、赤坂門市場

42 赤坂門
《福岡市赤坂》
夏

市場の路地から、外を見る

赤坂門市場入り口。二軒の果物屋の間を入ると、別次元のような雰囲気になる

ビルとビルの谷間に、埋もれたように、昔からここに在る。古く傾いたようなその入り口には、二軒の果物屋が並ぶ。この店を普段目にしていながら、この奥に、小さな店が連なっていることを知らない人も多い。

市場といっても、せいぜい三〇メートルくらいの、一本の薄暗い通りが走っているだけで、柳橋連合市場や小倉の旦過《たんが》市場のような活気ある声がこだましているような所ではない。果物屋の間の通路をほんの数歩足を踏み入れただけで、ここが赤坂という、天神から程近い立地なのだろうかと思うほど、音の無いところとなる。外は、人や車の往来が絶え間ないのに、お客らしい人の姿も無く、こじんまりとしたお店が、静かに営業している。

ここには、なんとなく懐かしい昭和が漂っている。ちょっと湿気臭く、別次元にタイムスリップしたような、錯覚に陥る。路地から、外の眩《まばゆ》い日差しの中を行く人々や、渋滞した車の姿が、まるで、無声映画を見ているようで、なんとも不思議な光景である。

心地よい城下町にて

43 臼杵
《大分県臼杵市》夏

大分県佐伯市の番匠川に、長年足繁く通っている。大分自動車道を終点の津久見まで行き、そこから国道を経由して佐伯に入る。その津久見のひとつ手前の出口が臼杵だが、ここはいつも素通りするばかりで、一度も降りたことがない。臼杵を知る友人から「こじんまりとした、いい所」という話を耳にして、一度は行ってみたいと思いながらも、実現しないままだった。

かつて出版社の仕事で、歴史的町並みの連載をしていたときにも、臼杵は何度も候補に上げながら、時間的余裕のない慌しい仕事だったため、近場の八女や有田に、その想いを奪われていた。今回この臼杵を訪ねたのも、ここを目指したわけではなく、佐伯の帰りに、時間的ゆとりがあったため、ちょっと行ってみるかくらいのことだった。

二王座歴史の道

過去に、様々な城下町や宿場町といった歴史の町並みを訪ねてはみたけれど、どこも俗化された観光地で、来て良かったと思える場所は、数えるほどしかなかった。だから、臼杵にも大した期待をしていなかったのは事実だ。初めてのところというものは、ちょっとした印象で、良くも悪くもなる。結論から言えば、臼杵は好きだ。

その好きになった理由の大きなひとつが、有料駐車場のおじさんだ。実に親切で、人が好い。小さな質問に、大きな答えと、笑顔が返ってくる。「石畳の坂道ありますか。臼杵は初めてなので」という私の問いに、町の観光マップと赤鉛筆を持って、大友宗麟の生い立ちから、町の歴史、どう歩けば無駄なく周れるかまで、事細かく教えてくれた。

石畳はこの先で、途切れていた

そんな素朴な親切が、臼杵という町全体を好きにさせてくれた。だから、おじさんの親切を裏切らないためにも、三五度を越える酷暑の通りを、汗水たらして、ひとつも漏らさずに、しかし快適に歩くことができた。好きになった家並みは、どこも心地よく、懐かしく、私の心に深く刻まれた。初めての地で、ちょっとした親切に出会い、そのおじさんの人柄が、もう一度この臼杵に来ようという思いにさせてくれた。

昭和を思わせる建物と歴史的建築物が混在している町並みは、子供の頃に過ごした町に、タイムスリップしたような懐かしさがある

知覧の暑い夏

44 知覧
《鹿児島県知覧町》 夏

知覧《ちらん》に行ってみようと思った。特攻隊、お茶、武家屋敷で有名な知覧は、薩摩半島の中ほどに位置する。

とりあえず鹿児島まで、一気に高速を南下し、直結した有料道路経由で知覧に入るのが、最短であるというのは分かってはいるが、何より、北から南まで走るわけだから、とにかく遠く、長い道のりを思うと、今までも何度も予定を立てながら、その疲労を思って、二の足を踏んでいた。

本当は、ただ早くいける高速よりは、国道を下って、不知火《しらぬい》海や人吉、えびのの高原地帯を経由して、ゆっくり景色を堪能しながら行ければいいのだが、日帰りという限られた時間の中での行程ではとても難しく、夜中に目的地についてしまってはどうしようもないので、場所をひとつに絞り、途中の風景は飛ばして、行くことに決めた。

鹿児島空港を過ぎたあたりから、視界は開け、遠くに桜島の姿が見えてきた。それを目にして、やっと鹿児島だという安堵感。しかし、ここから知覧までがまた遠い。目的地が見えるくらい近づいていながら、着かないもどかしさと言ったらない。

やっと高速道路を抜け、有料道路に入った。山の尾根を走るこの道には、眼下に鹿児島市内、桜島、錦江湾、対岸の大隅半島が一望できる展望台がある。まるで絵はがきのような景色に、しばし見とれる。有料道路を下りると、周囲に茶畑が目に入ってくるようになった。対向車のほとんどいない快適な道を走り、幾度目かの坂道を下ると突然、知覧武家屋敷に着いた。

頭の中に思い描いていた風景とは違い、ずいぶん開けたところに、知覧の町と離れた場所に建ち並んでいた。車を降りて、橋を渡り、武家屋敷の筋を歩く。それにしても射すような日差しは、南国そのものだ。暑い。

高い垣根の続く屋敷には、今も人が生活しているということに、まず驚いた。そんな庭先を、団体客が通っていく。戸は堅く閉められていたけれど、ここに住む人たちは、毎日この足音や、ガイドの声を聞いて

武家屋敷の完成画

武家屋敷のラフスケッチ

レンガ煙突のある風景。建物を描くと、つい楽しくて、描きすぎてしまう

生活しているのかと思うと、同情する。

　肝心の屋敷の多くは、高い生垣の合間から、少しの屋根を見せるくらいで、大分の竹田のような印象を持って訪れた私には、意外な景色でもあった。

「う〜ん、垣根かあ!」正直なところ、垣根は、あまり描きたくないモチーフのひとつだ。きれいに刈り込まれているため、植物でありながら、変に人工的で、難しい。

　しかし、わざわざここまでやってきて、何も描かずに、観光客として帰るのはもったいない。そう思って、通りを右往左往していると、高い垣根の影が、筋に落ちる様が面白いことに気付いた。

これを描こうと思い、構図のよさそうなところを物色。視点をあれこれ変えて、描く位置を決める。スケッチを終えて、移動。レンガ煙突のある屋敷や、他の幾つかの風景も、カメラに収めた。

　通りを何度か往復し、散策終了。あまりの暑さで、汗だくのうえ、空腹甚だしい。本当は、このあと、特攻記念館や開聞岳の見えるあたりまで、長駆するつもりだったが、予定より帰りが遅くなると、夕方の渋滞に巻き込まれかねないので、疲労を考え、まっすぐ帰路につく。

曇った時代の通り

45 天神
《福岡市天神》秋

自分の今までの人生の中で、あまり思い出したくない風景が、いくつかある。

いやな思い出は、何年経っても、懐かしさがこみ上げてこないものだ。また、それほど強い感情ではないけれど、記憶の奥に仕舞い込んで、意図的に思い出したくないのが、学生時代の自分だ。

無感動、無目的、無をつければ限が無いほど、当てはまる言葉だらけだ。

訳もなく苛立ち、一日という時間が途方もなく長かった。「何もしたくない、何もすることがない」日々を淡々と送っていた。そんな虫みたいな自分を唯一癒してくれたのが、ジャズだった。

学校のない日は、天神の薄暗いジャズ喫茶に、殆ど入り浸っていた。不健康な店内で、何も考えず、スピーカーから流れる大音量の中で、陶酔する。

時折、目を開けて、落書きに没頭したり、軽快なテンポに体が揺れたり、ここは、無気力な私にとって、現世と隔絶されたパラダイスだった。今思えば、そういった頃の、空っぽで、ただ無駄に時間を過ごしていた自分が、嫌になる。

しかしジャズは今でも、生活の伴として、傍らに何時も在る。仕事中は、リピートボタンを押して、同じ演奏が繰り返し流れている。空気のように、いつも耳元に、流れてさえいれば、どんな曲でも構わない。そして、ふと聴き込む瞬間に、あの頃の天神の通りが頭を過《よ》ぎる。脳の中の、思い出したくない多くの風景が、居場所をなくして、染み出てくるように。

天神の裏通り

ジャズイメージ

充実した少年時代の町

46 苅田《福岡県苅田町》秋

北九州市のすぐ隣、京都《みやこ》郡《ぐん》苅田《かんだ》町に、十歳のころまで住んでいた。家の目の前は、お寺。この庭先を中心として、記憶に強く残る少年時代を過ごした。目を閉じれば、その頃に見た様々な風景が、しっかり脳裏に焼きついている。今でも、叔母が一人暮らしているから、時々訪ねては、あの頃の懐かしさをかみしめる。ここで、過ごした時間が、今の私の基礎を成しているといっても、過言ではない。

新北九州空港の開港により、都市化が進み、昔の面影はどんどん少なくなっているけれど、あの頃の、この町が持つ香りは、そこ此処に漂っている。苅田の思い出の中には、辛さが無い。大病をして、一年間入院していたこともあるけれど、それは、自分の中に残っ

苅田港より町並みを見る。中央の白い山が、石灰岩採掘場。

苅田港にて

ている記憶の中では、些細な事に過ぎないほど、充実していた。

当時から、苅田は工業地帯で、平尾台が近いこともあって、裏手の山からは、石灰岩を採掘する発破が、いつも地響きを立てていた。きれいなところとは言い難く、いつも埃っぽく、煤《すす》けた町だった。しかし、そんな町に暮らす私の少年時代は、毎日がバラ色だった。ここに寄せる記憶の中には、勉強という文字は存在しない。今の子供のように、少年時代の思い出が、塾や習い事では、あまりに寂しいではないか。

朝起きて、学校への道のりから、その日の遊びが始まっていた。まっすぐ、学校へは行かない。帰りも当然道草だ。決まっていた通学路を通って帰った記憶が無いほど、道草は日課だった。

おもちゃのような蒸気機関車が苅田駅から、セメント工場へ延びる引込線を走っていた。その線路を歩き、銭湯の裏を流れる小川に立ち寄り、ランドセルを放り投げると、ドジョウやタガメを泥まみれになって、追いかけて、家に帰ればすぐに、お寺に集合。

墓で鬼ごっこしたり、境内の椎の木に登り、その実を貪《むさぼ》り食ったり、くもの巣まみれになって、本堂の床下探検をしたり、国道を渡って、ヨシの茂る原に作ってあった秘密基地に行ったり、チガヤの穂を抜いてほのかな甘みを楽しんだり、喉が渇けば、山の清水を飲みに行ったり、蛇をみつけて追いかけたり、追いかけられたり、境内で、よその地区の子供たちとパッチン（メンコ）やダンチン（ビー玉）対決したり、牛乳瓶のふたを貰いに牛乳屋を訪ねたり、アシナガバチの巣にちょっかい出して刺されて、お岩さんみたいに目蓋を腫らしたり、数え上げれば限《きり》が無い。

そして、夕方になれば、町の中心地の駄菓子屋に十円持って、原材料が判らないような怪しいお菓子を口に入れ、やがて紙芝居の拍子木が聞こえてくると、また移動し、水あめやニッキ水片手に、黄金バットや月光仮面に目は釘付け。日もすっかり暮れ、母親の小言は、右から左に筒抜けで、次の日の遊びを考え床に就く毎日だった。こんなに楽しくていいのだろうか？と、思うほど、毎日が遊びで満たされていた。

そんな思い出たっぷりの町を、久しぶりに歩く。そして、角を曲がる度に、「ここにはあれが、あそこには何が」と、当時の思い出が蘇ってくる。

紙芝居

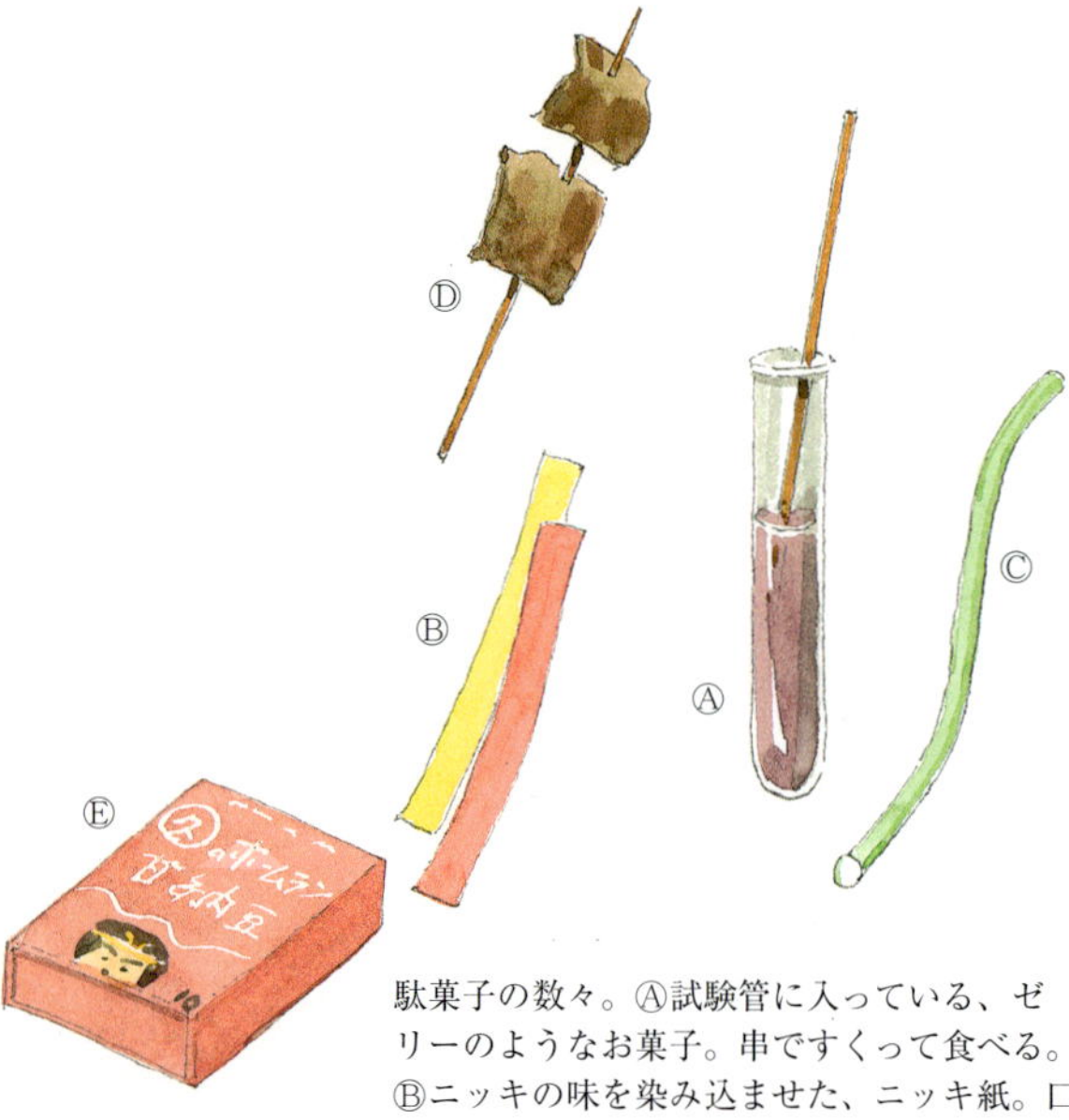

駄菓子の数々。Ⓐ試験管に入っている、ゼリーのようなお菓子。串ですくって食べる。Ⓑニッキの味を染み込ませた、ニッキ紙。口に入れ、紙諸共飲み込んでいた。Ⓒチューブに入った、ハッカ味のお菓子。味のしないチューブをいつまでも、ガムのように噛んでいた。Ⓓイカだろうけれど、いつ作られたのか判らないほど、干からびて硬かった。Ⓔ甘納豆。十円のものを買うと、紙芝居で、水あめが買えなくなるから、このお菓子は、買いたくても買えない、高級品だった。

商店街を描きたくなって

47 西新
《福岡市西新》
冬

薄暗い路地に並ぶ商品の山。その奥に、わくわくする楽しみが隠れているような

仕事で描く絵に、ジャンルが無い。依頼があれば、どんなものでも描く。しかし、普段、仕事とかけ離れた作品には、モチーフに偏りがある。

ここ十年間は、透明水彩による緑の多い里山風景や自然の景色を好んで描いている。けれども、絵を描き始めてずっと、風景ばかりを描いてきたわけではないし、使う画材も様々だ。ちょっと前までは、墨一色の町並み

西新商店街名物、リヤカー部隊

だったし、その前は、人物ばかり描いていた。

何かのきっかけで、突然対象や画材が変わる。特に周期を決めているわけではないけれど、大体十年刻みで、そういう変化がおきているようだ。いつも自分の技量に満足していないから、行き詰ると、努力しないで、隣の芝生がきれいに見える。これは生まれながらの性分だ。治らない。

近頃の私の作品には、人物が登場しない。意図的に描かないわけではなく、描きたい場所には、ほんとうに人の姿が無いのだ。だからというわけではないけれど、気まぐれな性分が湧き上がって、人ごみを描いてみたくなって、自宅から程近い、西新まで足を運んでみた。

車で十分とかからない場所に在るのに、商店街をちゃんと歩いたのは、五年振りだ。たった五年と思っていた時間は、私の頭の中の商店街のイメージを大きく変えていた。大小が入り乱れて、雑然としていた通りが、いつの間にか、すっきり片付いたみたいに、きれいなビルが建ち並び、ずいぶん垢抜けてしまっていた。

「こういう風景を描きに来たんじゃないんだ!」もっと、ごちゃごちゃとして、薄暗く、好き勝手に店舗を構えているような、無法地帯のようなイメージを膨らませてきたのに、まるで、大きなショッピングセンターの中を歩いているように、こざっぱりとして、絵の対象にならないほど、本通りは、明るかった。

商店街名物のリヤカー部隊も、以前よりその数が減ったようにみえる。通りの隙間が広く感じる。「こんなはずじゃ!」を連発しながら、描きたくなる昔の名残を探す。やがてやっと、小さく暗い路地を見つけ、頭の中の理想に出会えた。

お洒落な包装紙ではなくて、新聞紙に包んでくれそうな雰囲気の、活気あるその道に向かい、カメラのシャッターを押す。「これこそが、私の中の西新だ」と、呟きながら。

画材という道具たち

二十歳の頃まで、油彩一辺倒だった。今の仕事をするようになってからようやく、様々な道具を使い分けるようになった。新しい画材に慣れるまでには、色々な試行錯誤を繰り返さなければならないから、どうしても、長く使っている道具に、傾きがちになる。だから、描く絵が段々と画一化され、手馴れた作業に退屈し、それ以上を求めるように欲が出て、使い慣れていたはずの道具が、より使いづらく感じることが度々ある。どこかで巧くいかなかったり、画材に飽き始めて、新しいものへと移行していく。

ここ十年間は、絵具を透明水彩で描いている。この絵具に代わる前までは、アクリル絵具が主流だった。画材を変えて暫くは、前に使っていた道具の習慣が離れず、技法にぎこちなさがある反面、初めてのものへの新鮮さや、それまで難渋していた問題が、簡単に解決できた喜びもある。

そんな、今まで使ってきた画材への想いを、ここに書いてみることにする。

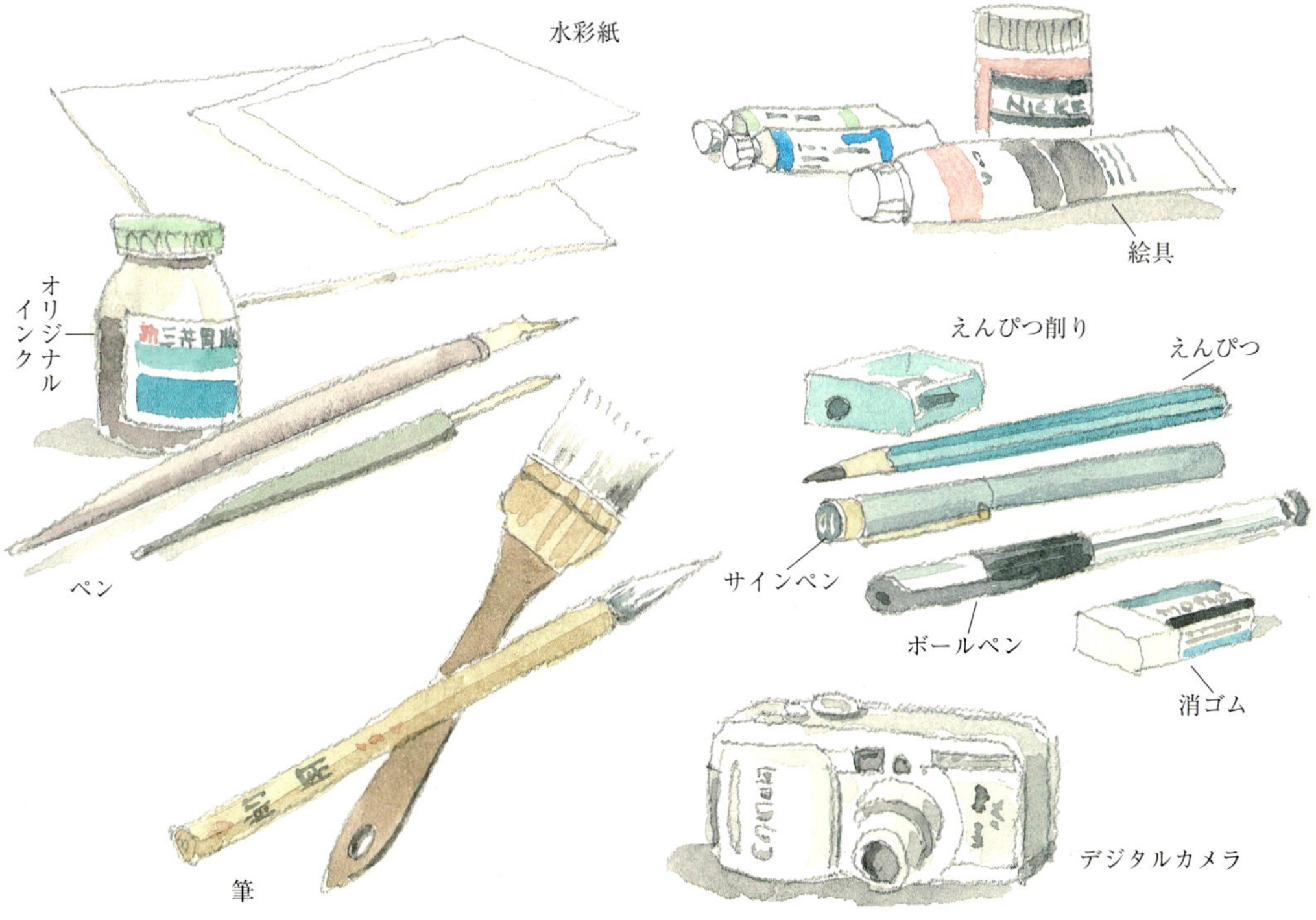

《絵具》

仕事のときは、今でもアクリル絵具を使うことがある。というのも、速乾性があり、乾くと耐水性で、発色も綺麗だし、中間色の色数も多く、微妙な色合いを描くときには、わざわざ混色しなくても、チューブそのままに使えるからだ。しかし、速乾性があるということは、チューブから出したパレット上の絵具もすぐに乾いて固まってしまうので、無駄が出易い。その上、耐水性のため、油彩ほどではないけれど、服に付くと中々取れない。

初めてアクリルを使ったときは、紙の上をツルツル滑るような絵具の感触が、嫌だったけれど、使い慣れると、その絵具の伸びの良さが、時間的効率を上げてくれた。また、混色の時には、基本的に白を混ぜて濃淡を出していた。しかし、混色の絵具によっては、白を混ぜることによって、濁った色味になることもあり、段々とそのことに不満を抱くようになってきた。

もっと、きれいな色に仕上げたい。その想いから、透明水彩を試してみようと思ったのが、絵具を変えるきっかけとなった。

初めて透明水彩絵具へ変えたときにまず驚いたことは、少量の絵具でかなり広い面が塗れること。しかも、

パレット

ドライヤー

乾いて固まりにくいし、仮に固まっても、水で容易に溶けて、アクリルより経済的だ。ただ、水が白代わりというのが、それまでと違い、色作りに多少の戸惑いがあった。かなり、水の加減に神経質にならないと、同じ色でも、濃淡の違いが顕著に表れる。最初は手間取った水加減も、一ヶ月もすれば慣れて、今に至っている。

今のところ、この絵具の次候補は、考えていない。

《紙》

三十年近く同じ紙を使っている。アクリル絵具に対応できる強さがあるということもあるが、この紙は、絵具を選ばず、値段も手ごろで、何より面倒な水張りをしなくていいため、長く使ってきた。

その紙は、クレセントボード310番。ボードとは、厚紙に水彩紙を圧着したもので、本来ならば、水の作用で紙が膨張したり、曲がったりしないために、紙の裏面にたっぷりの水をつけて、ベニヤ板や専用パネルに水張りという作業をしなければ、ぴんと張った状態を保てないのが、このボードのおかげで、その煩わしい作業も無く、長年好んで使ってきた。また、1・5ミリという厚さがあるおかげで、持ち運びも、折れたり曲がったりする心配もない。紙の種類もある程度揃っているので、書き損じの多い私には、向いた画材である。失敗のたびに、水張り作業を繰り返すのは、しんどいから。

ところが、透明水彩を多用するようになってから、このボードの紙質に、少し不満が出てきた。厚さがある分、水の吸収が良すぎて、画面が乾きやすく、たっぷりの水を使ってのぼかしやグラデーションのときに、いささか難渋する。

そこで、透明水彩という絵具に合った水彩紙を試して、アルシュとワトソンの二つの紙がお気に入りとなった。アルシュは、絵をかじっていれば知らない者がいないほど有名な、フランスの高級水彩紙だ。初めて使ったときの、絵具の伸びには驚いた。さすが高いだけのことはある。ただ難点は、この紙は、臭い。特に、水張りで、水をたっぷりつければつけるほど、そのにおいは強くなる。これさえなければ、最高にいい紙なのだが。もうひとつの、ワトソンは、アルシュほど高価ではない、黄なりの紙で、臭いにおいも無く、技法で白抜きを多用することが多い時に使う頻度が高い。

私は、透明水彩の時には、白の絵具を使わない。白は、紙の地を抜いている。その時、真っ白の紙では、抜いた地の白さが突出していて、明るすぎる。だから、黄なりの紙ならば、抜いた白が、自然なのだ。

他にも使う紙は幾種類かあるが、名前がわからない。どうも紙の名前を覚える気が無く、何度聞いてもすぐに忘れる。

だから画材店でも、いつも「これ」と、指差すばかりだ。

《筆》

以前、東京で、今の仕事の基礎となるデザイン会社勤めをしていた頃は、隈取《くまどり》という和筆を使っていた。東京には多くの筆専門店が在り、自分の気に入ったメーカーの筆を選べるが、福岡で独立して以来、中央のようにすぐに良い筆が手に入らなくなった。それでも、わざわざ東京から取り寄せて使っていた時期もあるが、自分の目で見て選べない不利があり、地元で捜し歩いて、平安堂の削用《さくよう》という筆に落ち着いた。

隈取に比べ、先細りで、毛先が長い割には腰が強い。先細りの先端は、小筆として、腹の膨らみは平筆並みの含みがあるから、これ一本で、全ての用途に使える、優れものだ。

私は普段、小筆を使わない。小筆を多用すると、どうしても小さなタッチが残る。もっと大きく描きたいから、意識的に使っていない。削用の「中」一本あれば、大概の作品に対処できる。しかしどうしても、削用で描けないような、広い面積を塗るときには、ホームセンターに売っている、障子紙を貼る刷毛《はけ》を使っている。

《パレット》

今の仕事で独立することが決まった時、それまで勤めていた会社の社長から、独立祝いに、台所用品のホーローのパッドをもらった。これが、三十年近く愛用している、パレットだ。普通に売られているパッドと違い、勤めていた会社がメーカーに注文を出して特注で作らせた、絵を描くための道具だから、市販のものより、縁が浅くなっている。

独立してから、筆も紙も絵具も描法も変わったが、このパレットだけは未だ現役だ。市販のパレットと違って、区切られていないし、好きなところに好きなだけ絵具を置けるし、大量の絵具を溶くことも可能だから、これより良いものは、見たことが無い。

部屋の中で絵を描くことを前提としているから、このパレットでも特に問題はないが、屋外でスケッチするときには、さすがに嵩張《かさば》る大きさだから、屋外用として、市販の小ぶりのパレットに、よく使う絵具を予め入れて、持ち歩いたり、陶製の小さな溶き皿を使うこともある。

《デジタルカメラ》

今のデジカメは、使い出して七年くらいになる。接触がおかしくなってきて、瞬間的チャンスには対応できないほど、反応が悪いこともある。しかし、このカメラで、千枚以上の風景を撮ってきた、愛着ある道具だ。とりあえず、壊れるまで、このカメラで構わない。

写真丸写しで描くわけではないので、画素が少なかろうと、カメラとしての機能を果たして、なおかつ、写したものがその場で見られれば、それでいい。ややこしい機能はたくさん付いているが、ただ写すこと以外に、使ったことは、一度もない。

《その他の道具》

屋外スケッチの時には、前記の道具以外に、ペットボトルの簡易筆洗いと筆拭きがあれば、必要なものは大体揃う。なるべく簡素に、軽くまとめるだけだ。

しかし、仕事の道具となると、これ以外にも、多くの画材を揃えている。そんな、多くの道具の中には、私オリジナルのものもある。

例えば、「魔法のインク」と呼んでいるものが、その一つだ。私は、絵の外形線というものにこだわっていて、なるべく線で囲まないような工夫を色々してきて、このインクにたどり着いた。

企業秘密なので、詳しくは言いたくないが、意図的に下書きの線を残す以外には、普段描く絵には、ほとんど下書きの線が残らないようにしている。そのため、なるべく線が見えないように、試行錯誤した結果、消しゴムで消せるインクをつくった。そのインクを、市販のペン先につけて、下書きをする。インクが乾けば、消しゴムをかける。すると、自分にしか分からないような、薄い線だけが残る。

下書きの線を絵の一部として描くときは、故意に残し、その必要がないときには、自分にさえ分かれば、それでいいわけだから、見えないほど薄くても、一向に問題は無い。しかも、このインクは耐水性だから、絵具をのせても色が混ざることもないし、うすいから、塗った絵具で、消えたように、いよいよ見えなくなる。また、仮に線が残ったとしても、硬い鉛筆の線のような色で残るから、インクの強さが見えなくて、自分としては気に入っている。

そんなインクを、数色作り、空き瓶に入れて分類している。夏には赤味、冬には青味、自然の風景には緑、建築物にはグレーと、外形線自体にもこだわっている。ほとんど見えなくなる線でも、描く対象に合わせて下書きにも、ただ黒い画一的な線ではなくて、絵の色合いに溶け込めるように考えている。大雑把な私の性格からは、想像もできない、繊細な気配りだ。

サインペン、ボールペン、色鉛筆、クレヨン、パステル、マーカー、コピー用紙、和紙……数え上げれば限が無いほど、使えそうなものなら、何でも試している。購入場所も画材店ばかりではなく、ホームセンターや文具店、手芸店など様々だ。時折足を運んでは、新製品のチェックも怠らない。

最後にもう一つ。これは、屋内で絵を描くときの必需品のドライヤー。時間に追われる仕事のときに、自然に乾くのをのんきに待つわけにはいかないので、コンセントさえあれば、実に有難い道具となる。ドライヤーで乾かすことに、熱で色味が変わるというような、異論を唱える人もいる。けれども、そんなミクロな話は、私の耳には届かない。見た目がよければ、それでいい。

絵に行きづまったときには――あとがきにかえて

絵が思うように描けず、時間ばかりが無駄に過ぎ、頭の中のモヤモヤとした苛立ちに、部屋を飛び出して「やめた！」と叫びたくなるが、仕事だから、そうもいかず、ちっとも言うことを聞いてくれない右手に、咬みつきたくなる歯痒さに、たまらず筆を置き、突然台所に立って、キャベツの千切りを始めたり、材料があれば、何かしらの一品を黙々と作ることがある。料理は、溜まったものを吐き出してくれる、私流のストレス発散だ。

料理が好きだ。若い頃には、少しの間、レストランでコックの経験もある。

つい最近も、某町役場主催の料理コンテストに出場してきたばかりで、家の台所の片隅には、そのときの副賞である漬物が、山積みになっている。一時期は、コンテストマニアのように、方々の料理公募にレシピ出品し、東京の有名調理学校で、大勢のギャラリーを前にして、レシピに沿った料理を作ったこともある。

素材を選び、味を想像し、彩り良く盛り付けられた完成品を頭に描くレシピ作りと、絵は似ている。風景を探し、観察し、構図を工夫し、頭の中に完成された絵を創りあげるように。

台所に立ち、無心で包丁を握ると、それまでの苛立ちも消え、落ち着きを取り戻し、すっきりとして、また絵に打ち込める。しかし、それでも尚、溜まったものが抜けきれないときには、旅に出る。旅といっても、博多駅から二つか三つ先まで、ただ往復するような、小さなものだ。

遠くまでのんびりと行けるほどの時間の余裕もなく、本当はそんな小さなことすらしている場合ではないほど、納期も近いのだが、このまま溜め込んで、ただ手を動かすだけの作業を続けていても、結果は散々なことは、想像がつく。それに、これくらいの旅なら、自

宅から往復二時間もあれば可能だから、余程の時間がない時でない限り、大丈夫だ。
博多駅のプラットホームに立っただけで、行き先が見えるくらい近いところでも、気分は上々。乗りもしない特急列車を覗き込み、旅の空想が膨らむ。出発前の緊張感が心地良い。
程なく入ってきた普通列車に乗り込み、すぐ降りるにも拘らず、どちらの窓際に座るか迷う。距離は短くても、心境は旅そのものだ。ほんのすぐそこでも、生活圏が違う駅に降り立つだけで、存分に楽しい。
目的地についで何するわけでもなく、すぐに帰りの切符を買って、列車を待つだけ。たったそれだけの「旅ごっこ」でも、溜まったストレスは、十分に拭い去られる。往復わずか二十分足らずの旅の締めくくりは、博多駅ホームの立ち食いうどん。満腹になり、気分も良好。これでまた、絵が描ける。

〈著者略歴〉
品原克幸（しなはら・かつゆき）
一九五六年、福岡県生まれ。
イラストレーター。都市景観画・動植物画・風景画・童画・復元画を得意とする。
リビング福岡に六年間コラム連載など、新聞・雑誌に連載多数。
著書に『はがき絵』（西日本リビング新聞社）

水彩日和《すいさいびより》
——九州・心に残る風景を訪ねて

二〇〇八年五月二〇日発行

著者　品原克幸《しなはらかつゆき》
発行者　小野静男
発行所　弦書房
（〒810・0041）
福岡市中央区大名二−二−四三
ＥＬＫ大名ビル三〇一
電話　〇九二・七二六・九八八五
ＦＡＸ　〇九二・七二六・九八八六

印刷　アロー印刷株式会社
製本　篠原製本株式会社

落丁・乱丁の本はお取り替えします

ISBN978-4-86329-001-3 C0026

◆弦書房の本

絵かきが語る近代美術 高橋由一からフジタまで

菊畑茂久馬　江戸庶民が育てた油画。古美術を持ち出したフェノロサ。東西ふたつの魔王と格闘した天心。さすが、漱石の絵を見る目。日本が追放し、日本を捨てたフジタ……タブー破りの語りおろし美術史。【A5判・並製　248頁】2520円

仙厓の○△□

中山喜一朗　日本最初の禅寺、博多・聖福寺の住職で、町人に愛された仙厓。禅画の達人でもあり、多くの作品を残した。その人と作品に魅せられた仙厓研究の第一人者がユーモラスな作品に潜む謎に挑む。〔2刷〕【四六判・並製　240頁】2100円

玉葱の画家 青柳喜兵衛と文士たち

多田茂治　夢野久作を『犬神博士』の独創的な挿絵で圧倒し、火野葦平『糞尿譚』の装幀が最後の仕事となった画家、青柳。叙情詩人としての才能も開花させた34年の生涯と九州の文人達との交流を描く評伝。【四六判・並製　256頁】2100円

九州遺産 近現代遺産編101

砂田光紀　近代九州を作りあげた遺構から厳選した101箇所を迫力ある写真と地図で詳細にガイド。産業遺産（鉄道施設、炭鉱等）、軍事遺産（飛行場、砲台等）、生活・商業遺産（学校、教会等）を掲載。〔6刷〕【A5判・並製　272頁】2100円

豊後街道を行く

松尾卓次　勝海舟も坂本龍馬も駆け抜けた！　加藤清正が開いた熊本城～豊後鶴崎間124kmの豊後街道。「街道歩きの達人」が全ルートを踏破して歴史の往還を案内。写真と地図付きでガイドにも最適。【A5判・並製　144頁】1785円

九州・鉄道ものがたり

桃坂豊　駅舎、車両、機関車からトンネル、レール、沿線、切符、そして鉄道を支える人々まで、知ってるようで知らないエピソード満載のレール・ストーリー90篇。写真約350点掲載。〔2刷〕【A5判・並製　176頁】2100円

〈山と人〉百話 九州の登山史

松尾良彦　修験の山からヒマラヤまで、近代以前～現代の九州ゆかりの岳人達が日本・世界各地で繰り広げる壮大な物語を、膨大な文献調査と聞き取りをもとに104話に集成。《九州の登山史年表》を巻末に付す。【A5判・並製　268頁】2310円

＊表示価格は税込